**Questions contemporaines**

*Collection dirigée par Jean-Paul Chagnollaud, Bruno Péquignot et Denis Rolland*

Chômage, exclusion, globalisation… Jamais les « questions contemporaines » n'ont été aussi nombreuses et aussi complexes à appréhender. Le pari de la collection « Questions contemporaines » est d'offrir un espace de réflexion et de débat à tous ceux, chercheurs, militants ou praticiens, qui osent penser autrement, exprimer des idées neuves et ouvrir de nouvelles pistes à la réflexion collective.

**Dernières parutions**

Robert BIBEAU et Khider MESLOUB, *De l'insurrection populaire à la révolution prolétarienne,* 2024.

Dan E. MØLLER, *Démocratie 2.0. La politique sans partis, l'élection sans candidatures. Pourquoi ? Comment ?,* 2024.

Stéphane SIGNORET, *Sobriété, notre alliée. Dire non à la démesure,* 2024.

David FOREST, *La société algorithmique : Droit, technique, imaginaire, Abécédaire indiscipliné*, 2024.

Jean-Denis DUPUY, *Apprendre à croire. Quatre études*, 2024.

Cédric TANT, *La critique publique, Une pratique de légitimation démocratique des journalistes et des politiques*, 2024.

COPAF, *La transformation des foyers de travailleurs immigrés en résidences sociales*, 2024.

Christophe SCHNITZLER et Iris TRINKLER (coord.), P*ratiques en plein air pour une éducation à la soutenabilité, Philosophies et enquêtes de terrain*, 2024.

Fred BRÛLÉ, *Prédations et coopération entre les êtres vivants. État des lieux des relations planétaires*, 2024.

Gérard BORVON, *Les Tartuffes et le climat*, 2024.

Chantal BOURRY, *Militer avec force et raison*, 2024.

Daniel DUCHER, *Quand le train cherche sa voie. Plongée au cœur du système ferroviaire français*, 2024.

Amine ISSA, *Les deux Imams, Le Coran contre l'obscurantisme*, 2024.

# Proudhon,
# économiste contemporain

5-7, rue de l'École-Polytechnique, 75005 Paris
http://www.editions-harmattan.fr
ISBN : 978-2-336-50017-1
EAN : 9782336500171

Jacques Langlois

# Proudhon, économiste contemporain

L'Harmattan

## Ouvrages de l'auteur

*Pour un socialisme libertaire*, L'Harmattan, 2024
*Les liens sociaux en univers néolibéral*, L'Harmattan,2024
*La lutte de l'instituant et de l'institué*, L'Harmattan, 2023
*Pour un changement anticapitaliste de société*, L'Harmattan, 2022
*Scénarios pour un néolibéralisme bien malade*, L'Harmattan, 2021
*Comment va le système capitaliste ?*, L'Harmattan, 2021
*Pour un projet libertaire anticapitaliste*, L'Harmattan, 2020
*Le système libéralo-capitaliste moderne*, L'Harmattan, 2020
*Pensée moderne et changement de société*, L'Harmattan, 2020
*Chroniques macroniennes*, Édilivre, 2018
*Nouveaux propos sur l'éducation*, Vérone, 2018
*Comprendre, détruire, reconstruire*, Éditions Libertaires, 3 volumes, 2014-2015
*De la Justice*, Éditions Libertaires, 2013
*Des causes de la crise, modèle libéral et projet proudhonien*, Éditions Libertaires, 2010
*Petit imprécis de (contre)libéralisme*, Éditions Libertaires, 2009
*Misère du droit*, Édilivre, 2009
*2084*, Édilivre, 2008
*Agir ensemble dans un monde partagé*, L'Harmattan, 2005
*Agir avec Proudhon*, Chronique sociale de France, 2005
*Le libéralisme totalitaire*, L'Harmattan, 2001
*La juste démocratie*, L'Harmattan, 1995

*Le mythe EDF* (sous le pseudo Charles Reynaud), L'Harmattan, 1992
*Qu'est-ce que le pouvoir politique ?*, Anthropos, 1982
*Défense et actualité de Proudhon*, Payot, 1976

# Plan

# Introduction
# Un penseur et un économiste iconoclaste et méconnu

Iconoclaste (l'esclavage, c'est l'assassinat, la propriété, c'est le vol, Dieu, c'est le mal), notre auteur s'est toujours préoccupé d'économie, dont il pensait que c'était une branche essentielle de la « science de la société » qu'il entendait construire. Ses nombreuses lectures, ses écrits, ses prises de position en témoignent, comme l'a souligné Thierry Menuelle, membre de la Société Pierre-Joseph Proudhon. On connaît son *Système des contradictions économiques* (sous-titré « Philosophie de la misère », vilipendé par Marx dans *Misère de la philosophie*) ; on ignore bien d'autres travaux comme celui sur la concurrence entre les voies navigables et le rail ou, assez éparses, pour les conditions d'un régime politique véritablement démocratique (voir Éditions Rivière). On sous-estime son apport sur le crédit et la monnaie scripturale (sur sa banque du peuple en 1849). Il avait même eu un projet (manuscrit à la Bibliothèque de Besançon) de « cours d'économie politique ». Bien qu'oublié, il nous a laissé des idées nouvelles et majeures en économie, par exemple, sa théorie des « forces collectives » ou de « la valeur constituée ». Sa disparition dans le domaine de la pensée économique n'est pourtant pas si étonnante. En effet, il a inscrit l'économie sous la dépendance de la morale et de la Justice, alors que les économistes dits classiques (sauf Smith, auteur d'une *Théorie des sentiments moraux*), puis surtout néoclassiques (dont Walras, Jevons, Menger, Marshall ; les fondateurs de l'économie marginaliste appuyée sur l'utilité) ont voulu construire une prétendue science neutre, apolitique, indépendante de toute croyance. Il a vertement critiqué la « secte des économistes » qui, pour lui, établissait une théorie économique fondée sur la propriété alors que celle-ci est au fondement des inégalités socio-économiques.

La « secte » l'a évidemment rejeté comme iconoclaste, ce que, du reste, il était, car il était en dehors des canons de la pensée de son époque. Cela est montré en 1840 avec la parution de *Qu'est-ce que la propriété ?* où il torpille rationnellement toutes les justifications de celle-ci (dont celle de sa légitimation par le travail, par exemple chez Locke) et écrit (formule tronquée) le fameux : la propriété, c'est le vol. C'est prouvé par son livre, à mon avis le plus génial, à savoir *De la création de l'ordre dans l'humanité* (1843), livre où, en tâtonnant, car c'est une aventure, c'est un déchiffrement de l'inconnu via lequel il cherche et trouve en explorant un terrain encore vierge, une exploration inédite et stupéfiante, une construction faite en marchant, une pensée réflexive et à haute voix sur sa propre démarche incertaine, une œuvre de pionnier, il cherche à établir une autre façon de penser : sa méthode « idéo-réaliste » et sa « dialectique sérielle » inspirée par Fourier. La « secte » était à la base de la théorie économique libérale, dite classique (Smith, Ricardo, Say, Stuart Mill, etc.), et était établie sur les droits de propriété, surtout ceux des moyens de production, et le libre-échange sans limites. Mais Proudhon disait que c'était la propriété qui dominait l'échange dans leurs théories.

L'économie proudhonienne, trop peu formalisée, trop empirique, fut supplantée par la géniale œuvre de Karl Marx, œuvre qui, en outre et à la fois, suscitait une espérance de changement et donnait les moyens d'une critique radicale, « scientifique » (au sens de sans préjugé moral) et pertinente des abominables injustices de l'époque.

L'approche de Proudhon n'a été appréciée que par un courant très minoritaire de la pensée économique, à savoir celui, inauguré par Veblen et Commons, de l'économie institutionnelle (celle, ensuite, de Coase et Williamson, économistes très libéraux d'aujourd'hui) ; a aussi été connue sa position sur la monnaie, saluée par Keynes et complétée par la monnaie fondante de Silvio Gesell. Proudhon n'a pas promis le bonheur en ce bas monde, mais la nécessité d'un combat perpétuel et de résolution des conflits de valeurs et d'intérêts. Cela rebute les quiétistes et tous ceux qui préfèrent les mouvements mélioratifs et surtout automatiques, évolutionnistes, déterministes. Proudhon a été traité (déjà par Marx) de petit-bourgeois ballotté entre ses contradictions, du genre mieux connu aujourd'hui comme le « en même temps », par les marxistes-léninistes, et de révolutionnaire radical (qui serait aujourd'hui fiché S) par la pensée bien-pensante défendant le statu quo institué comme désordre établi.

La disqualification de Proudhon a été facilitée par le fait de sa misogynie, de son esprit traditionaliste, patriarcal et machiste et de « son humeur antijuive » (Élie Halévy). Ce sont des positions tout à fait regrettables et aujourd'hui disqualifiées, mais cela demeure relativement accessoire dans son œuvre publiée de son vivant. Cependant, la disparition de l'URSS, la faillite actuelle de la social-démocratie pro-système capitaliste libéral, la fragilisation de la démocratie représentative, la pensée moderne, notamment systémique et pragmatique, redonnent de la vigueur à sa parole.

Ce qui frappe chez Proudhon, c'est une grande capacité à accepter de s'être trompé et à repartir sur de nouvelles bases, à se renouveler, à se réinventer. C'est l'exemple d'une pensée en mouvement, jamais figée, à la fois réflexive et pragmatique ; ce qui, hélas, a été trop compris comme l'art de se contredire. Rien n'est plus faux, car malgré ses évolutions au cours du temps, cette pensée demeure cohérente si l'on ne perd jamais de vue son ambition : contribuer à instaurer la Justice immanente, profane, discutable pour le peuple ici-bas.

Ce qui surprend encore plus, c'est la modernité de sa démarche de pensée. On y trouve, quoiqu'encore balbutiante, une approche systémique, en termes de « fait social total » (Mauss), une pensée des interdépendances et de la complexité dans une configuration d'ensemble, des solidarités et des hiérarchies à la Bourdieu. C'est une méthode transdisciplinaire qui analyse toutes les dimensions d'un problème ; et c'est cela qui le conduira à envisager un fédéralisme « intégral ». Par exemple, face à la domination, il remarque qu'elle provient de la « triple alliance du trône, du coffre-fort et de l'autel » ; ce qui anticipe l'approche de Gramsci en termes de « bloc historique » combinant la domination politique, l'exploitation économique et l'hégémonie culturelle. On sait aussi que Proudhon fut un précurseur du pragmatisme, ce qu'énonce sa phrase fameuse : « l'idée vient de l'action et revient à l'action, à peine de déchéance pour l'agent ».

C'est cette autre façon de penser, en dehors des sentiers battus et sclérosés du prêt-à-penser de son époque, qui fait de Proudhon un novateur (et pas seulement un « disrupteur » comme qui vous savez), notamment en matière politique et de démocratie et aussi en économie.

Il ne faut pas oublier que Proudhon est né dans un contexte très particulier, après la Révolution française fondée sur les Lumières, après l'Empire, après la Restauration et la remise en place de la toute-puissance de l'Église. Il assiste aux débuts du socialisme contre l'exploitation capitaliste. Il se propose alors de continuer l'œuvre inachevée de la Révolution française, trop attachée à une conception absolue de la propriété, ainsi que nous le montre Catherine Malabou (*Il n'y a pas eu de Révolution*).

Et c'est pourquoi il s'en prend à la propriété que celle-ci a consacrée au profit d'un capitalisme sauvage. C'est pourquoi, constatant les justifications religieuses de la domination politique et de l'exploitation économique au nom de la transcendance divine, baptisée providence, il voudra fonder la Justice sur des bases profanes et immanentes, sociales et humaines, rien qu'humaines ; c'est tout le sens de son magnifique livre *De la justice dans la Révolution et dans l'Église* (1858). Contrairement à ce que disent ses détracteurs, il n'a pas réhabilité la propriété dans son livre posthume sur ce thème (1865) ; il a en fait remplacé celle-ci par la possession et par la petite propriété (exploitable par une famille) et comme contre-pouvoir envers la domination politique.

Je n'entends ici que mettre en valeur les apports de Proudhon à la recherche en économie (les forces collectives, la possession-propriété, la valeur « constituée », les rapports de pouvoirs entre acteurs, la monnaie, les institutions et le droit, une sorte d'ordo-libéralisme mais avec un droit tout différent) nécessaires à une concurrence régulée contre le libre-échange sans règles du néolibéralisme actuel, la place de l'économie dans le système sociétal (ce qui annonce Polanyi), la mise de l'économie sous l'emprise de la Justice, la nécessité d'équilibrer les rapports de force entre contractants pour assurer la « mutualité » des échanges, la mise en place de moyens d'information pour que les échanges se fassent en connaissance de cause. Nous verrons tout cela en détail.

Cependant, avant, dans une première partie, il nous faudra donner les fondements en tout genre (anthropologiques, moraux, philosophiques, politiques, intellectuels ou cognitifs, sociologiques, etc.) sur lesquels reposent les positions économiques de Proudhon. Ce n'est que dans la deuxième partie de cet essai que nous aborderons les thèses proprement économiques qui sont incompréhensibles si on laisse de côté les soubassements qui les fondent. Ce sont eux, du reste, qui permettent de répudier toutes les thèses qui font de Proudhon un libéral, voire un « libertarien » avant l'heure (voir M. Valentin), ou qui négligent que ce penseur a de bonnes raisons de s'élever vigoureusement contre l'associationnisme communautariste et le collectivisme communiste à la Bakounine de même que contre l'individualisme libéral.

Je dois au lecteur trois avertissements. Déjà, j'ai opéré une synthèse que Proudhon, décédé prématurément et toujours entre deux polémiques, n'a pas pu faire, sauf de façon nette, mais limitée dans sa posthume *Capacité des classes ouvrières en France* (1865). Il devait aussi faire bouillir la marmite, ce qui explique, par exemple, son *Manuel du spéculateur à la bourse* (livre fort bien vendu, ce qui ne manque pas de sel, paru 2 fois sous pseudonyme avant qu'il ne le signe pour sa 3e édition) qui lui permit de le faire. Il s'agit donc de ma synthèse, cependant inspirée par Jean Bancal, *Œuvres choisies* de Proudhon qui avait résumé l'œuvre de Proudhon. Elle va peut-être trop loin, mais une chose me semble sûre : je n'ai pas trahi les buts ni la ligne générale de l'œuvre, immense, de Proudhon. Ensuite, bien des idées de Proudhon sont encore pleines d'actualité aujourd'hui pour la construction d'un socialisme libertaire. Enfin, les positions de Proudhon peuvent nous procurer des éclairages sur la situation actuelle, ce que je ferai pour « déconstruire » la doxa néolibérale et signaler les multiples trahisons de la social-démocratie néolibérale.

Cet opuscule est volontairement court et percutant. Il se sert aussi de la pensée de Proudhon, certes à adapter à la modernité, pour fustiger l'actuelle Europe et la politique française menée depuis longtemps.

# 1ère partie
# Les soubassements et les fondements de l'approche proudhonienne

Proudhon, né en 1809 et mort en 1865, a vécu (donc de façon courte) dans une époque particulièrement trouble, marquée en économie par l'opposition naissante entre un courant « régulationniste » (comme Boyer et son équipe aujourd'hui) ou institutionnaliste (Veblen, Commons), qui entend que l'État ou la société doit intervenir pour dompter les forces du marché incluses dans la société et équilibrer les rapports de force entre acteurs, et un courant du laisser-faire, laissez-passer, selon le mot de Guizot pour défendre une économie libérale sans contraintes. L'époque est marquée par l'énorme poids de la religion et de la philosophie idéaliste. La propriété et l'individualisme y deviennent les signes du libéralisme politique et surtout économique. C'est dans cet univers qui se cherche que notre auteur se forme, s'informe et prend position. Cet univers qu'il vivra intensément en y livrant toutes ses nombreuses batailles menées pour défendre ses conceptions dans un monde naissant, incertain et mouvant, dans un siècle où naquirent tant d'utopies et de dogmatismes, dans un monde en fait antidémocratique et encore très religieux.

Il ne faut donc pas oublier ce contexte, par ailleurs mouvant, en examinant les apports et ruptures amenés par Proudhon. Il y a d'abord une finalité morale (la Justice et l'égale dignité humaine), puis une révolution dans la façon de penser et dans celle de considérer les humains et leurs rapports. Ce qui revient à dire que l'économie doit demeurer une « science » morale, sociale, politique. C'est donc se situer à l'opposé de la ligne que prendra la théorie économique moderne, celle, par exemple en micro-économie (partant des comportements individuels), de la TEG (théorie de l'équilibre général). Pour faire scientifique, la TEG s'est mathématisée à fond (voir le prix Nobel Debreu) afin de parfaire sa neutralité et je dirais même son extraterritorialité. Et cela sans se rendre compte de ce qu'elle partait d'un préjugé fort engagé et problématique, celui de l'individualisme, alors que Proudhon essaie de maintenir une tension dynamique entre le collectif et l'individuel. C'est aussi que notre auteur a vécu une période historique où l'individualisme croissait rapidement, où le profane commençait de l'emporter sur le religieux, mais où la culture continuait de répudier l'atomisme sociétal.

# Chapitre I
# Le contexte de la pensée de Proudhon

Toute la vie de notre auteur fut un combat. Il dut avoir une ténacité hors du commun pour faire des études (du reste grâce à un prêtre qui repéra ses dons à Besançon). « En même temps », il devait aider sa famille, très pauvre, à subsister. C'est pourquoi il ne passa son examen du baccalauréat que très tard (en 1838, à 29 ans, après avoir fait son tour de France d'ouvrier imprimeur). Il put aller parfaire ses études à Paris en décrochant la pension Suard (candidature en 1837, décernée en 1838). Il y rencontra son ami Gustave Fallot (qui avait eu aussi la pension Suard) qui le poussa à parfaire ses études, mais mourut très jeune du choléra (maladie qu'eut aussi Proudhon et dont il porta les séquelles pour le reste de sa courte vie). Il travailla dur, contrairement à bien des socialistes et autres communistes, toute sa vie, notamment en tant que prote d'imprimerie, petit imprimeur rapidement failli, fondé de pouvoir et comptable (chez Gauthier frères à Lyon) pour aider son frère, sa famille (ses parents, son frère et la sienne avec Euphrasie Piégeard et ses 4 filles, dont 2 mortes en bas âge) et pour payer des amendes à un pouvoir de Napoléon III qui n'a cessé de le poursuivre. Il a été emprisonné en 1849 pour avoir critiqué le prince-président, sa majesté, préparant son coup d'État du 2 décembre 1851, ce qui donnera son mauvais livre de 1852 : *De la révolution sociale démontrée par le coup d'État du 2 décembre* ; il dut s'exiler en Belgique en 1858, car poursuivi en justice après la parution de son chef-d'œuvre, *De la justice dans la Révolution et dans l'Église*.

Dès la parution en 1840 de son fameux 1er mémoire sur la propriété (il y en eut 3), il devint « en même temps » l'homme à abattre des conservateurs (Adolphe, prénom prédestiné, Thiers en tête) et l'adversaire des socialistes « utopiques ». Pour l'obtention de la pension Suard délivrée par des notables de Besançon (qui durait 3 ans), il avait affiché, dans sa lettre de candidature de 1837, son objectif : lutter pour la défense du petit peuple contre toutes les puissances dominatrices et exploiteuses des humains et de leurs groupements. Cela ne lui fit pas que des amis, mais l'homme n'a jamais reculé pour défendre ses convictions et mener le combat pour un socialisme démocratique et contre l'absolutisme capitaliste de la propriété. On peut même affirmer qu'il aimait trop le débat, voire la *disputatio* idéologique. Proudhon menait simultanément plusieurs combats : contre les idéologies libérales (dont celles de la « secte des économistes »), contre le césarisme de Napoléon le petit (dixit Hugo), contre les « communistes », pas encore marxistes, en fait associationnistes du XIXe siècle, contre les menées dogmatiques de Marx qui voulait éliminer la concurrence des idées des socialistes de son époque, dont celles de notre auteur. Ces multiples combats et son aptitude à prendre en compte les conséquences des évolutions qu'il voyait et pratiquait dans son travail de publiciste et de salarié, son goût polémique de la controverse, sa nature combative expliquent que son œuvre ait beaucoup évolué, avec, notamment, une césure nette entre sa période « anarchiste » (*destruam*) et sa maturité (*aedificabo*). Mais, malgré ces méandres et aussi des contradictions (souvent plus apparentes, et montées en épingle par ses adversaires, que réelles), Proudhon a gardé son cap de 1837 : aider à la libération du peuple contre toutes les dominations.

L'époque était troublée, le socialisme, en réaction aux abominables pratiques de la propriété capitaliste défendues par le pouvoir politique absolu (des rois puis de l'empereur) et justifiées par les idéologues libéraux en économie et conservateurs en politique, naissait et était surchargé d'écoles en compétition (socialisme d'État avec Louis Blanc, révolution politique d'en haut et par une minorité activiste, avec Blanqui, socialisme technocratique avec Saint-Simon, différentes formes de socialisme « utopique » [Marx dixit] avec Cabet, Fourier, Leroux, associationnisme créé par Owen repris par Buchez) ; des révolutions ou révoltes éclataient régulièrement (1830, 1834, 1848) ; les débats d'idées étaient féroces, la police rôdait, la censure régnait, la liberté de la presse était sévèrement limitée (dépôt préalable, censure, amendes). Les différents journaux lancés par Proudhon : *Le Représentant du Peuple*, *Le Peuple*, *La Voix du Peuple*, repris par la CGT, *Le Peuple* de 1850, etc., étaient mis systématiquement à l'amende et devaient fermer. Une chose était à la fois positive et fort sujette à opposition : la création d'un mouvement socialiste international ; ce fut la raison de la rupture Marx/Proudhon quand le premier demanda à Proudhon en 1846 d'être le correspondant français d'une « internationale » fortement dirigiste et doctrinaire, ce qu'il refusa. Proudhon (lettre à Marx de 1846), donc, refusa, mais en même temps donna une leçon de morale à Marx qui lui avait dénoncé Karl Grün comme se prétendant son mentor en hégélianisme (Proudhon écrivit que Grün cherchait seulement à survivre en tant qu'exilé allemand en France et que c'était grâce à lui qu'il avait connu les travaux du dénonciateur Marx). La rupture fut consommée avec la parution en 1847 de *Misère de la philosophie* où Proudhon était traité de petit-bourgeois ballotté entre ses contradictions.

L'époque était agitée par une profusion d'idéologies en tout genre, par le démarrage du grand capitalisme et de sa « féodalité financière » et bancaire qui écrasaient les petits producteurs avec les taux d'intérêt, par la misère ouvrière (dénoncée par la révolte des « canuts » de Lyon en 1834, par les groupements politiques, etc., par le Dr Villermé). De toute cette dynamique conflictuelle, Proudhon retint les idées-forces de pluralisme social et culturel, d'effervescence sociale, de positivité du conflit dans les évolutions sociopolitiques, de nécessité du partage démocratique du pouvoir. Il en retint aussi la nécessité de procurer aux producteurs ce qu'il a appelé le crédit gratuit chose retrouvée par Yunus (prix Nobel du Bangladesh avec le « micro-crédit ») avec le lancement en 1849 de « la banque du peuple »

Proudhon n'a cessé d'agir, d'innover, de créer pour apporter des solutions anticapitalistes aux maux du Peuple. Il ne lui suffisait pas de penser à un monde meilleur et, comme disait Marx, il lui fallait le transformer. Cela lui a été reproché sous forme de tireur de chèques en blanc sur l'avenir. Sans doute, mais bien d'autres, des « idéalistes » créateurs de système, ne s'y sont pas risqués. Comme disait Péguy : ils avaient les mains blanches, mais c'était parce qu'ils n'avaient pas de mains.

La France (et le monde occidental) oscillait entre individualisme et communautarisme, entre transcendance divine et athéisme immanentiste, entre propriété et égalité. La Révolution française avait promis : liberté, égalité, fraternité. Ce qui était pratiqué et observé, c'était une devise opposée que l'on peut traduire en : propriété, hiérarchie, individualité. C'est contre cela et tous ses justificateurs du nouveau désordre établi et institué que s'éleva Proudhon toute sa vie. Et c'est pourquoi il fut tant dénigré et combattu ; souvent avec une grande mauvaise foi. Par exemple, on lui a reproché de s'en prendre à la démocratie. Certes, mais c'était pour obtenir une démocratie réelle, à savoir le fédéralisme intégral qui répartit les pouvoirs et les redonne aux acteurs de base de la société. Il ne voulait pas de cette fausse démocratie représentative où le pouvoir est monopolisé par de faux représentants, légalisés par des élections (le plus souvent arrangées comme avec le suffrage censitaire), mais illégitimes.

C'est dans ce contexte à la fois conflictuel, pluriel et mouvementé que Proudhon forgea et développa sa pensée novatrice. Cela repose sur une autre conception des humains, de leurs relations, de la justice qui devrait les régler, de la constitution sociale de leur existence. Cela, en tant que toile de fond et fondement de bien de ses positions, est à connaître, car, sinon, on ne pourrait pas comprendre son rapport à l'économie et ses apports en la matière.

monopolisé par de faux représentants, légitimés par des [illegible] le suffrage [illegible]

[illegible]

[illegible] de ses positions [illegible]

[illegible]

# Chapitre II
# Anthropologie, philosophie morale et sociologie de Proudhon

Les thèses économiques de Proudhon sont fondées sur sa conception de la justice. Celle-ci repose sur une anthropologie ; au sens de compréhension de la nature des humains et de leurs rapports. Cela questionne la combinaison entre individualisme et collectivité sociale, mais aussi l'origine et l'essence du pouvoir, la question du gouvernement de la société et de l'organisation des forces économiques. Elles défendent la liberté, à commencer par la concurrence, contre tout étatisme, tout universalisme d'un marché sans régulation, contre « le constructivisme » collectiviste, qui impose d'en haut un plan prédéterminé à la société (Hayek dixit).

Proudhon nie qu'il existe une nature humaine fixée, figée, immuable, perpétuelle et universelle. Cette position était défendue par les partisans de lois divines et transcendantes (par les religions dites du livre) et par les tenants du droit naturel au nom duquel on justifiait, par exemple, la propriété (grande démonstration de Locke) comme institution généralisée dans toute société et à toute époque. Droit divin et droit naturel ont ceci de commun qu'ils sont indiscutables et qu'il faut leur obéir, sauf à être fou. Certes, les humains ont des facultés, des capacités, des passions, une raison, mais ce ne sont que des actualisations d'un potentiel commun. La nature humaine n'est donc qu'une possibilité commune qui reçoit une infinité de formes de mise en œuvre, de réalisations, de pratiques sociales ou individuelles. L'inné n'est qu'une offre de possibilités qui se retrouvent dans les acquis de telle ou telle société. L'acquis n'est qu'une réalisation fragile tant pour les cultures des groupements sociaux que pour chaque personne. Tout dépend des circonstances de socialisation et des parcours effectués. Proudhon, suivant en cela les Lumières et Condorcet, considère que l'homme est perfectible, notamment via sa formation, initiale ou tout au long de sa vie et en ayant un parcours professionnel diversifié dans les fonctions occupées (apprentissage polytechnique et cursus polyvalent font, du reste, partie de ses propositions économiques) ; la prétendue nature humaine est donc évolutive. Proudhon comprend les facultés humaines comme étant des « compositions », des combinaisons de passions (y compris tristes comme celles décrites par Spinoza) et de raison. Les passions indiquent les buts poursuivis, la raison guide les actions pour les satisfaire, ce qui n'est jamais un simple calcul des utilités, des coûts et des bénéfices, comme le prétendent Bentham et l'approche micro-économique, celle qui perdure comme Théorie générale de l'Équilibre (TEG) marginaliste et utilitariste. Ce sont les « compositions », toujours instables, déséquilibrées, évolutives, conflictuelles (comme l'a établi Freud) entre les éléments de la psyché qui sont un des déterminants de la liberté humaine, car en situation problème, il faut choisir. Évidemment, la composition est à la fois individuelle et sociale, car elle dépend de la culture du groupement de socialisation et du degré d'intériorisation de celle-ci par chaque sujet ou sous-groupe.

Pour illustrer le propos, on peut se servir de la façon dont Proudhon voyait la Justice s'installer (ou non) dans les cœurs et les âmes. Au départ, l'enfant, tout à fait impuissant, ne peut que ressentir si les rapports entre ses parents sont égalitaires ou équilibrés. Dans cette situation primitive de socialisation peut naître une aperception première de la justice. En grandissant, l'enfant peut constater si sa perception, sa sensation se confirme et ainsi acquérir le sentiment de Justice. Sa vie ensuite à l'école, deuxième lieu de socialisation, peut renforcer le sentiment. Mais c'est dans les structures de travail (l'atelier, l'usine, le bureau) qu'il va connaître l'injustice et « en même temps » la solidarité et la volonté collective d'égalisation. C'est ainsi que le sentiment de justice peut passer à l'idée, au concept, à la valeur principale à poursuivre et à réaliser. Naturellement ce processus de transformation d'un potentiel de révolte contre l'institué en place repose sur des situations, des espaces, des structures de socialisation et sur des cheminements qui sont le plus souvent personnels et aléatoires.

En revanche, on peut dire qu'on ne saurait accéder à l'idée de justice, comme fin légitime de l'action sociale, que s'il existe des moyens collectifs de socialisation qui le facilitent. Une famille de dressage à la prussienne, comme l'a bien vu Wilhem Reich, ne le permet pas. Elle forme des personnalités (des patterns, comme disent les anthropologues culturalistes) autoritaires, comme l'ENA a formaté des idéologues néolibéraux pour diriger les affaires publiques. Certes, un autoritaire peut agir pour des solutions plus justes, mais il le fera sans doute pour des raisons stratégiques et utilitaires comme Bismarck créa une retraite à 65 ans, âge que fort peu de travailleurs atteignaient à l'époque ! L'utilitarisme consistant à « faire le bonheur du plus grand nombre » (préconisation de Bentham), Bismarck pouvait être satisfait de lui : la plupart de ses bénéficiaires, mis au tombeau, resteraient calmes.

Beaucoup de choses socialisantes, créatrices d'idées ou de passions dépendent aussi du parcours suivi, *volens, nolens*. Ce qui fait que dans la construction d'une personnalité à la fois individuelle et sociale, ce qui compte beaucoup, ce sont les relations, les rencontres, les aides, les contradicteurs que l'on a croisés et qui peuvent être des modèles, des idéaux du moi ou, au contraire, des repoussoirs. C'est ainsi qu'il devient possible, vu la malléabilité du potentiel humain, de considérer qu'il ne peut pas y avoir d'égalité sans respect de la liberté de l'autre ou de liberté sans égalité d'autrui. Liberté et égalité forment un couple, une « composition » en tension de contradictoires inséparables. Pas, comme le prétendait Tocqueville, des contraires en opposition binaire et d'exclusion mutuelle à la façon du A et du non-A d'Aristote.

Un des tout premiers, Proudhon a compris qu'il y avait des faits sociaux non réductibles aux individus et à leurs interactions. Il a voulu créer une « science sociale » (devenue sociologie grâce au vocabulaire employé par Auguste Comte). Ces faits sociaux, indépendants des individus, étaient des manifestations collectives. Proudhon disait que « la morale était la révélation du collectif à l'homme ». Il a développé les notions de conscience collective (attitudes morales collectives) et de raison collective (façons de penser, logique en œuvre dans la société ou le groupement), que Durkheim a reprises sans dire leur origine proudhonienne. Il a découvert ce qu'il a appelé les « forces collectives » qui fondent l'extorsion de la plus-value. On verra cela en détail lorsqu'on examinera les apports économiques de Proudhon.

L'enjeu de la « science sociale » est de faciliter la compréhension des rapports entre l'individuel et le collectif sans les séparer, encore moins les opposer, de situer les relations et interactions sociales dans un cadre préétabli qui les contraint et les détermine en partie, dans un système social qui les configure et les hiérarchise, dans un ensemble de représentations et de symboles qui fasse sens pour chacun et organise une stabilité des attentes réciproques dans les relations entre acteurs individuels ou collectifs. Il s'agit de reconnaître que l'individuel et le collectif ne sont ni séparés ni opposés. La personne est marquée du sceau du collectif par sa socialisation dès sa petite enfance ; le social cadre toutes les relations, décisions et actions, mais ne les impose pas. Chaque personne appartient à de multiples sphères d'action sociale et de vie, ce qui lui permet de faire appel à plusieurs possibilités de choix. Chaque groupement n'existe que par les individus qui s'y trouvent, y restent et ainsi le constituent. Là encore se dessine la conception que Proudhon développe en ce qui concerne la constitution de la société et les groupements collectifs : c'est un pluralisme conflictuel et dynamique de composition assez stable, mais évolutif. Cette configuration cadre l'action sociale de chacun entre certaines limites, mais laisse suffisamment de liberté à tous les acteurs. Proudhon répudie tout déterminisme, toute évolution ou fonctionnement automatique, tels ceux que l'on peut trouver dans l'efficience universelle des marchés ou la marche inéluctable de l'histoire ou la providence divine ou la sélection naturelle des prétendus plus aptes. Pour Proudhon, tout être, qui « tend à persévérer dans son être » (Spinoza), doit être muni des pouvoirs qui lui permettent d'être autonome, de se faire respecter, de mener sa propre vie. L'être de pouvoir, ce dernier étant aussi force et liberté d'agir (comme pour les « capabilités » de Sen), doit avoir les pouvoirs de l'être. Il doit avoir les moyens de gérer lui-même son espace de vie, celui qu'il connaît bien mieux que n'importe qui d'autre, ce qui justifie l'autogestion et la décentralisation du pouvoir politique dans une organisation fédérative.

Il n'a pas échappé à Proudhon que la société était très inégalitaire, hiérarchisée sur au moins 3 plans : économique, politique et culturel. Dans le domaine économique coexiste du krill, à savoir les consommateurs et les petits producteurs, et des requins (PME), des baleines comme les banques et les trusts. C'est ce que les libéraux appellent un marché atomistique où la demande (solvable qui plus est) croise l'offre sans se préoccuper de l'inégalité des forces en présence. En politique, on trouve l'énorme écart de pouvoirs entre les citoyens-zéro et la chambre législative-infini. Cela ne s'est pas amélioré avec la toute-puissance du président dans la Ve République. Dans la sphère culturelle, à l'époque, règnent en maître l'Église et sa hiérarchie, ce qui a été remplacé par les idéologies profanes. Proudhon, dès lors, combattra inlassablement pour l'équilibration des pouvoirs, notamment dans les rapports économiques entre acteurs. Proudhon n'ignore pas, bien au contraire, que ces relations sont médiatisées par le droit institué, qu'il trouve particulièrement injuste, car fondé sur l'absolutisme de la propriété fondé sur le récent code napoléonin (ce n'est pas une faute, c'est un jeu de mots). Ce sont le droit et la culture qui médiatisent et orientent les rapports entre humains, entre groupements, qui font que l'individuel est guidé, voire contraint, par le collectif qui lui préexiste et qui lui survivra.

Proudhon s'est fondé sur la recherche de la Justice et cela vaut dans 3 domaines : le moral où les valeurs princeps sont la dignité et le respect de chaque être, le politique où le pouvoir doit être également partagé et réparti, l'économique où l'échange doit être mutuel, se faire équivalent contre équivalent. L'éthique (qui n'est pas un donné, mais qui est un combat pour défendre la dignité et l'égalité de tout autre en tant « qu'autre soi-même », dit Ricœur) fait que chacun doit s'engager pour faire respecter en toutes circonstances la dignité des autres comme absolue. La justesse et la justice dans l'échange sont fondées sur la mutualité des services rendus entre acteurs. Chaque acteur doit être libre d'échanger ou non et les pouvoirs respectifs des échangistes doivent être égaux sinon le contrat passé ne peut être que léonin. Les relations à la chose publique, au pouvoir politique, à la préparation de l'intérêt général doivent être égales de façon que la prise de décision soit vraiment démocratique.

Il devient clair alors que les positions économiques de Proudhon ne peuvent que détonner dans un univers libéral où les rapports de force sont fort déséquilibrés par et dans le droit propriétaire institué et dans les pratiques sociales. Les idéologies servent à justifier ces inégalités et injustices. Proudhon devient le mouton noir, celui qui refuse obstinément que le politique et l'économique soient séparés de la morale et de la conscience collectives.

# Chapitre III
# La « façon de penser » révolutionnaire de Proudhon

N'oublions pas que Proudhon est né en 1809 et que sa vie a été à la fois tumultueuse, engagée et brève, que c'est en quelque sorte un autodidacte qui s'est procuré une immense culture en dehors des sentiers battus de la « science normale » (Kuhn), établie, décorée, nobélisée. Il n'est donc pas étonnant que ses « autorités » lui soient tombées dessus comme les Diafoirus, médecins de l'époque contre Louis Pasteur. Comme il se servait du savoir contre les puissants (économiques, politiques, religieux), il est évident que, eux aussi, se mirent à l'attaquer. Comme le socialisme était alors une *terra incognita*, pleine de prophètes, il a aussi été attaqué par des rivaux en tout genre. Passons en revue quelques ajouts essentiels de Proudhon à la façon de penser et de comprendre le monde, la société, les relations entre acteurs sociaux, l'économie, le rapport entre l'individuel et le collectif.

Proudhon figure parmi les premiers à avoir conçu tout ensemble social (nation, société, communauté, groupe) comme un système global dont le tout est différent de la réunion des parties, comme « un fait social total » (Mauss), comme un ensemble dont les éléments, les dimensions sont interdépendants, comme globalité qui encadre des domaines d'action sociale tout en leur laissant une autonomie relative. Les éléments du système sont surdéterminés, inamovibles. Le système évolue de par les dissensions entre ses parties et de la difficulté à coordonner l'ensemble. Le système est cependant régi par une loi unique que certains trouvent dans l'universalité du marché concurrentiel, d'autres dans la domination et la hiérarchie et quelques rares opposants dans la démocratie égalitaire et la recherche de la justice. On peut dire que la pensée systémique a comme préfiguration *Le système des contradictions économiques* paru en 1846, livre où notre auteur développe une nouvelle dialectique que les ricaneurs, suivant Marx, ont qualifiée d'hégélianisme mal digéré conduisant au peut-être bien que oui ou non des petits-bourgeois. Pourtant, bien avant Gramsci, il analyse la combinaison totalisante du triple pouvoir de la domination politique, de l'exploitation économique et de l'emprise culturelle (l'alliance du trône, du coffre-fort et du goupillon contre le peuple).

C'est une attaque injustifiée, car ces zoïles ont sans doute fait exprès de ne pas voir que Proudhon inventait et appliquait une dialectique en quelque sorte renversante (ce qu'a montré Gurvitch dans son livre sur les dialectiques). Énonçons la chose.

Aristote s'est illustré avec sa dialectique des contraires, tels le jour et la nuit, qui s'excluent mutuellement comme au restaurant, c'est fromage ou dessert. Tout le contraire est la dialectique du « en même temps », soit fromage et dessert, nouvelle façon inventée récemment et non répertoriée dans les usages raisonnables du socialisme. Ce dualisme binaire et d'opposition n'a évidemment de valeur que pour les phénomènes objectifs ou scientifiquement prouvés au sens de Popper : une épreuve de « falsifiabilité » l'a démontré. Il est fort rare que les faits sociaux relèvent de cette approche.

Hegel nous a gratifiés d'une dialectique ternaire (thèse, antithèse, synthèse, à laquelle Proudhon répondra par foutaise), de développement, en quelque sorte historique et automatique (voir « le matérialisme historique »), de la négation de la négation, qui progressivement amène les progrès de l'esprit dans le monde. Marx adoptera cette dialectique, mais en refusant son idéalisme, en se promettant de la remettre sur les pieds de la réalité, de la matérialité. Cette dialectique a été répudiée par Proudhon dès 1843 (*De la création de l'ordre dans l'humanité*), mais la critique proudhonienne a été explicitée dans son livre posthume (1866, *Théorie de la propriété*).

Proudhon a repris à Kant la notion d'antinomie (contradiction entre termes opposés mais « en même temps » indissociables et unis ; par exemple autorité/liberté ou ordre/progrès, chère à Comte et au Brésil) ; cependant il pense l'antinomie comme réelle et pas seulement comme catégorie de pensée. L'antinomie ne se résout pas, pas plus que les deux pôles d'une pile ne se détruisent. La réalité est plurielle, conflictuelle, antagonique. Les antinomies sont des couples de contradictoires en opposition/composition manifestant l'instabilité du réel en perpétuelle rééquilibration/tension des termes contraires comme la liberté et l'autorité.

Proudhon trouve que la synthèse hégélienne est « gouvernementale, antérieure et supérieure aux termes qu'elle unit ». Proudhon refuse la prétendue synthèse. Les deux termes sont contradictoires, mais forment un couple dans lequel ils sont à la fois opposés et combinés. Ils demeurent en tension dans un étau d'équilibre momentané, incertain et instable ; le curseur de leur tension est évolutif et peut se déplacer, notamment à cause de couples de contradictoires voisins qui appartiennent à la même série. Par exemple, toute société montre une association conflictuelle et évolutive entre l'autorité et la liberté, entre celle-ci et l'égalité, entre l'individuel et le collectif, entre l'individualisme et la coopération, entre la concurrence et la coopération, entre la compétition anarchique et l'ordre, etc. La recherche de la justice commande de trouver une « équilibration » satisfaisante (équilibre est un état, équilibrage un acte, équilibration un processus) compte tenu des circonstances et des moyens disponibles de la société en place et des évolutions nécessaires et souhaitables qu'exige l'esprit de justice, d'égalisation des pouvoirs des acteurs dans les rapports de force. Compte tenu aussi, bien sûr, de l'impossibilité de supprimer l'un des contradictoires ; les deux étant perpétuellement en « balance ». D'où un des maîtres-mots de Proudhon, la balance, tant moqué parce que d'origine comptable. Et notre auteur a bel et bien été comptable au cours de sa vie professionnelle. Il insiste sur la nécessité de préserver la contradiction, tout en l'équilibrant sans cesse pour aller vers plus de justice, parce que si on supprime la contradiction, ce que cherche tout régime autoritaire afin d'éliminer ses opposants et les sujets de polémique contre lui, alors la dynamique et « l'effervescence sociale » disparaissent. Or, le conflit est le moteur de l'évolution des sociétés. Proudhon refuse aussi le caractère quasi automatique du processus de négation de la négation, ce que le marxisme lénino-stalinien a transformé en mécanique inéluctable de « matérialisme historique » qui n'est qu'un évolutionnisme déterministe et implacable ; ce qui ressemble beaucoup aux automatismes des marchés efficients soumis à l'universalité de « la concurrence libre et non faussée ». Certes, on peut parfaitement ne pas adopter la dialectique proudhonienne (qui, du reste, n'est pas valable dans tous les domaines, à commencer par ceux de l'action sociale). Mais, comme vous le voyez ici, elle est n'est pas plus inadéquate que la dialectique hégéliano-marxienne.

J'ajoute que Proudhon qualifie aussi sa dialectique de « sérielle », le mot série ayant été emprunté à Fourier. Proudhon entend par là que chaque couple de contradictoires appartient à un ensemble plus vaste unifié par son appartenance à un même enjeu ou à la même logique d'action sociale. Il s'agit d'un enchaînement par homologie qui préfigure l'idée de Chantal Mouffe et d'Ernesto Laclau sur des « chaînes d'équivalence » possibles d'union d'acteurs en situation semblable afin de faire évoluer la situation dans un même sens favorable pour leur projet similaire contre l'hégémonie capitaliste.

La série est un ordonnancement, un ensemble à classer classement de réalités qui sont à la fois distinctes et réunies par une même loi d'opposition/combinaison. Par exemple, les phénomènes d'autorité (domination politique, culturelle, de hiérarchie sociale, d'inégalités économiques) sont différents, car situés dans différentes sphères d'action sociale (les « sphères de justice » de Walzer ou les « cités » de Boltanski et Thévenot), mais ils appartiennent tous à l'opposition domination/liberté. C'est cette même réalité qui les fait regrouper dans la même série. Ceci confirme que le social se présente comme totalité où règne une loi de correspondance entre formes de relations sociales dans les différents domaines de la vie en grande société. Cela ressemble à la structuration des champs sociaux de Bourdieu, structuration soumise à une même logique unidimensionnelle d'organisation et de fonctionnement, de sorte que tous les champs peuvent se ressembler comme lien d'appartenance au même modèle de société (libéral, collectiviste, anarchiste…). Autre exemple : dans le domaine économique, toutes les contradictions forment un système ou une série : concurrence libre et concentration monopoliste, valeur d'usage en lutte avec la valeur d'échange, travail libre et exploitation, forces collectives et usages individuels, etc. Ce qui met tous ces contradictoires en série, c'est leur appartenance à une même logique d'opposition, à savoir celle entre la compétition et la coopération, entre l'individuel et le collectif, entre l'usage et le profit économique de l'échange. Cet enchaînement vaut pour le système capitaliste, mais évolue dans un autre régime, comme celui du fédéralisme intégral.

Proudhon qualifie son approche globale de « science sociale » d'idéo-réaliste (chose mise en valeur par Jean Bancal). Il faut se souvenir de ce que le XIXe siècle est encore un moment de lutte philosophique entre l'idéalisme, qui domine largement alors, et le matérialisme inauguré par, par exemple, le matérialisme d'Holbach ou le sensualisme de Condillac ou l'empirisme anglo-saxon d'un Hume. Chez Platon (mythe de la caverne), les idées sont éternelles et les humains doivent seulement les « inventer » à la manière d'un trésor que l'on découvre. Pour les matérialistes naissants, elles proviennent des perceptions, des sensations, de l'expérience vécue. Les idées sont soit transcendantes (ce qui inclut le divin, mais signifie surtout au-delà de toute situation concrète) soit immanentes, créées par les sociétés humaines. Proudhon nous dit que nenni : elles sont à la fois réelles et imaginaires, « idéelles ». Cela est à rapprocher de la théorie de la connaissance développée par Proudhon. C'est une approche pragmatique avant l'heure de sa découverte aux USA, notamment par Peirce et Dewey ou James. C'est une démarche de pensée qui consiste à dire que c'est l'action en situation de résolution de problème qui procure des hypothèses de solution, lesquelles sont mises à l'épreuve dans de nouvelles actions qui peuvent confirmer ou infirmer les hypothèses et ainsi de suite par essais, erreurs, expérimentations. C'est sûrement ce qu'avait voulu dire Proudhon avec son fameux : « l'idée vient de l'action et revient à l'action à peine de déchéance pour l'agent ». Cela est confirmé par d'autres citations, certes moins connues, mais tout à fait probantes. J'en donne ici quelques-unes dans leur esprit plus que dans leur forme. Le travail, qui réunit la pratique et la théorie, se présente comme mode universel d'enseignement. L'intelligence de l'homme n'est pas seulement dans sa tête, mais réside aussi dans sa main. Le système d'enseignement qui sépare les individus en manuels et spirituels est absurde. C'est ce pragmatisme qui a amené Proudhon à son idéo-réalisme qui, en outre, illustre sa dialectique de la combinaison conflictuelle des contradictoires. Il est clair que cette approche dialectique, sérielle, pragmatique, idéo-réaliste n'a pas été comprise à l'époque, sauf comme « oxymorique », si j'ose dire, et qu'elle a beaucoup dérangé la pensée sclérosée de l'époque et la concurrence marxienne pour le leadership des idées et le simplisme de l'économie libérale.

L'ensemble de ces idées nouvelles qui, faut-il le rappeler, n'ont émergé qu'assez progressivement à partir des linéaments développés dans la *Création de l'ordre*, est à se rappeler pour aborder les positions économiques de Proudhon, dont les raisons profondes sont justement données par son système de pensée ; celui qu'il a magnifiquement résumé en dictant sur son lit de mourant à son ami Chaudey *De la capacité politique des classes ouvrières*, livre posthume paru en 1865. Il n'est guère étonnant que tant de nouveauté, accompagnée par une rude polémique menée dans une langue magnifique et accessible à tous (Sainte-Beuve lui-même l'admirera et Jean Guéhenno demandera que Proudhon soit mis dans la liste des grands auteurs français), ait reçu peu de soutien. Ensuite la domination du marxisme éliminera notre auteur jusqu'en 1968. La réforme proudhonienne, dans son nouveau cadre de pensée, passe par une autre conception de la nature du droit. C'est dans un droit nouveau tenant compte de la dialectique des contradictoires qu'il faut régler le problème de la concurrence, placer le curseur de la contradiction entre les bienfaits de la compétition et les désordres absolus d'une liberté sans régulation, sans cadrage.

Le problème de Proudhon, c'est que la concurrence sans règles aboutit au même résultat qu'une concurrence légalisée (voir ordo-libéralisme moderne en Europe) qui laisse de côté toutes les autres dimensions de la société (sociales, morales, politiques, culturelles, écologiques). La prise en compte du droit pour faire de la concurrence un moyen de justice plutôt que de désordre favorisant spéculation et voracité, montre à quel point combien Proudhon est bon économiste anti-SLC lorsqu'il combat l'économisme prétendu neutre, apolitique, areligieux et « scientifique ».

# Chapitre IV
# Un droit nouveau et social

Il est peu d'auteurs qui ont mis le droit au centre de leurs préoccupations, hormis, naturellement, les juristes professionnels. Ce fut le cas de Proudhon et il nous faut comprendre comment et pourquoi. Disons tout de suite que sa conception du droit fut très innovante et qu'elle ne ressemble pas au droit établi, au droit institué ni de son temps ni aujourd'hui. Pour le constater, nous devons éclairer la nature des grands systèmes juridiques en cours. Cependant, avant, il convient de dire que la place assignée au droit par Proudhon illustre parfaitement l'idée qu'il se fait d'un système social dont toutes les dimensions sont interdépendantes même si certaines, comme la politique ou le droit ou la justice (le social), ont plus de poids que d'autres dans son fonctionnement et son évolution. La position de notre auteur montre aussi que tout système social, à commencer par ceux où la domination sévit, crée le droit qui lui est nécessaire et, vice versa, que le droit institué est conforme à ses besoins de pérennité.

Passons rapidement sur les systèmes dictatoriaux, qui ne sont en rien des créations sociales ni des institutions s'étant dégagées de l'histoire des rapports sociaux. Ce sont des règles imposées par un acteur dominant, par exemple théocratique comme en Iran, ou totalitaire comme dans l'URSS stalinienne ou le régime nazi ou fasciste. Il n'est pas établi dans l'intérêt général du peuple, mais pour la monopolisation du pouvoir. Les mentionner sert cependant à marquer une profonde différence entre deux approches juridiques : la normative et la positive ou positiviste.

Nous avons d'un côté un système de prétendues normes, formalisé, hiérarchisé qui transforme les règles instituées en faits établis, indiscutables, objectifs légalement (« positifs » même s'ils sont injustes et immoraux) et auxquelles il faut obéir. On aura reconnu la « science positive du droit » que prétendait installer l'Autrichien Kelsen, comme si les lois nazies avaient la même valeur que celles établies par un parlement vraiment représentatif du peuple. L'Allemand pronazi Karl Schmitt ira encore plus loin en justifiant les états (et États) d'exception dans les situations de risque pour le pouvoir !

Ce droit n'a rien de positif ; il est simplement la légalité en place, l'ordre institué contre lequel un instituant le disqualifiant, par exemple parce qu'il couvre les injustices et les inégalités, n'aurait pas le droit d'exister et peut être poursuivi pour terrorisme à la sauce Darmanin. Ce qui nous dit ce qu'il faut penser du prétendu État de droit et de l'ordre républicain qu'invoquent toujours les pouvoirs en place contre leurs opposants. Ce droit, une fois les Maduro et les Pinochet établis, nous dit d'obtempérer, de nous soumettre à l'illégitime. Du reste ce droit efface la distinction entre légalité et légitimité. Il se veut scientifique, comme « l'économie pure » de Léon Walras, c'est-à-dire en dehors de toute norme morale ou politique, hors toute valeur symbolique et instituante du droit. Ce droit rappelle furieusement la « bildung » luthérienne qui fait que le croyant se soumet à la Bible et se perfectionne tout seul, sans s'occuper de questions politiques, en la lisant sans cesse.

En face, nous voyons une conception normative, c'est-à-dire morale du droit ou appuyée sur une finalité comme la Justice chez Proudhon. Celui-ci cadre les relations humaines et sociales dans une médiation par des normes de conduite qui suscitent les attentes réciproques des uns et des autres dans un ensemble d'institutions de régulation sociale. C'est aussi une approche institutionnelle en ce sens que le droit est une création sociale et évolutive, car elle dépend des acteurs et de leurs rapports de force. C'est naturellement une création sociale, immanente, culturelle, humaine issue des nécessaires et évolutives relations sociales. Ce droit se situe dans la tension permanente entre l'institué et l'instituant. C'est ce que nous disent encore les grands juristes institutionnalistes Léon Duguit (professeur à Bordeaux) et Maurice Hauriou (professeur à Toulouse). Notons au passage qu'il nous faut des personnes excentrées par rapport aux notables institués et décorés « de la science normale » pour innover. Et, hélas, devinez qui va l'emporter pour satisfaire aux besoins d'ordre du Système libéralo-capitaliste (SLC) hyper libéral : la conception proto-nazie de Kelsen. Le droit ainsi compris est avant tout une médiation sociale dont la mission est de stabiliser les relations entre acteurs et d'équilibrer les forces en présence. Le positivisme, au contraire, rappelle furieusement la « realpolitik » de Kissinger qui ne fit qu'imiter Metternich et son équilibre des forces entre nations dans le droit international (conçu en 1815 au traité de Vienne et que Proudhon critiqua).

Nous avons aussi à distinguer le droit substantiel du droit procédural qui, lui aussi, sied particulièrement à la défense du néolibéralisme. Le droit substantiel entend que les règles et normes à instituer soient contraignantes et soient alors contrôlées dans leur application et éventuellement sanctionnées. Cela, naturellement, dans un système politique antidémocratique, peut conduire à un « constructivisme », dénoncé par Hayek, a priori, pensé par des autoritaires en chambre ? L'astuce Hayek est d'oublier que l'universalisme du marché libéral, prétendu efficient, conduit automatiquement à un totalitarisme des vues propriétaires sur la société globale. Eh oui, le néolibéralisme verse aisément dans la totalisation (il prend racine dans tous les domaines), ce qui, au vu des résistances que cela entraîne, amène facilement à un totalitarisme technocratique. C'est exactement ce à quoi a conduit le « macronisme ». Hayek, avec ses sophismes intéressés, prétend ainsi empêcher toute approche régulationniste même fondée sur un droit légitimement institué par un parlement représentant effectivement l'intérêt général. Hayek ignore que le droit peut instituer des règles qui, justement, bloquent l'installation du constructivisme. Mais, naturellement, ce droit, celui proposé par Proudhon, est social et n'a rien à voir avec le droit propriétaire que défend l'hyper libéral Hayek.

Le droit procédural, issu de la culture anglo-saxonne et opposé au droit romain bien plus formel et substantiel, est fondé sur la jurisprudence qui part de « la common law » (coutumière, instituée). Naturellement, personne n'a jamais prétendu, sauf les entrepreneurs de religion, les tenants du « droit naturel » et les créateurs d'un droit scientifique « positif », que le droit était inamovible, gravé dans le marbre, perpétuel. Je m'égare, car il y a une doctrine qui l'assume : c'est l'ordo-libéralisme tudesque si admiré par l'amiral Giscard d'Estaing (c'est l'objet du TCE rejeté en 2005). Las, c'est ledit ordo-libéralisme qui règne en Europe surtout depuis le Brexit, car la Grande-Bretagne défendait son droit sans règles sauf celles de la guizotine (laisser faire, laisser passer).

Or, ce droit procédural présente des défauts rédhibitoires. La jurisprudence y consiste à reproduire les jugements antérieurs tant que des évolutions sociales ne finissent par les rendre impossibles. Alors, le droit évolue, mais c'est donc toujours après coup, sans anticipation, sans prévision. Le droit procédural est en réalité un frein fort puissant que les prétendus libéraux ont inventé pour que leurs amis, les puissants, conservent le pouvoir le plus longtemps possible. Cela prouve « en même temps » leur hypocrisie qui consiste à s'appuyer sur les injustices instituées tout en se retranchant derrière la puissance du droit établi pour que rien ne change. Si on est obligé d'évoluer, alors on fera comme le prince de Lampedusa : que tout change pour que rien ne change ; feignons d'organiser et maîtriser les événements. Le 2e défaut inacceptable, c'est de ne jamais prendre en compte les inégalités de puissance, de pouvoir, les déséquilibres dans les rapports de force entre acteurs sociaux, car tout le monde est censé être mis sur un pied d'égalité avec une loi soi-disant « la même pour tous », « aveugle » devant les asymétries de pouvoir et de situation économique. C'est donc tout le contraire de la position « justicialiste » (ne pas confondre avec le péronisme) de Proudhon. Cette position vaut évidemment pour tous les domaines, du reste encastrés les uns dans les autres, à commencer par l'économie. Le droit procédural est conservateur et il a été conçu pour qu'il en soit ainsi.

Contre cette conception du droit, Proudhon développera sans cesse la sienne. Son droit est immanent et évolutif, c'est une création sociale permanente liée aux conflits sociaux et à la lutte incessante entre l'institué et l'instituant. Ce droit est inscrit sous la houlette de la recherche de la Justice et du respect de l'égale dignité de chaque humain. C'est pour cela qu'il doit être social, ce qui se surajoute à son origine sociétale. C'est un droit de l'équilibration des forces, notamment par la généralisation de la possession et de la petite propriété. C'est un droit fédératif qui respecte plusieurs niveaux ou domaines de droit ; il respecte la coutume, les conventions, les contrats passés dans les bases ou les secteurs de la société, mais il régit aussi des règles générales et substantielles de cadrage d'ensemble pour tous les acteurs et tous les étages de la société. C'est un droit substantiel qui évolue grâce à la jurisprudence. C'est un droit légitime assis sur une juste représentation de la souveraineté du peuple tout entier, car la souveraineté, qui doit être démocratique, appartient au peuple qui, seul, a le droit de dire si les règles sont légitimes et orientées vers l'intérêt général. Maintenant, comptez tous les blasphèmes antilibéraux que j'ai prononcés en usant de notions obsolètes : souveraineté, légitimité, justice sociale, égale représentation…

# 2$^{e}$ partie
# Le cadre général de l'économie de Proudhon et ses propositions

Naturellement, cette façon de penser, si nouvelle et encore tâtonnante, influence considérablement la façon dont Proudhon envisage l'économie. Déjà, et c'est un avertissement général pour tout ce qui va suivre, l'économie ne saurait être séparée du politique, du culturel, du juridique, du social. Elle se situe dans la société et non à part ou au-dessus. Elle y est « encastrée » (comme l'a écrit Polanyi dans la *La grande transformation*) et en relation d'interdépendance avec les autres dimensions de la société.

Contrairement à maints associationnistes, Proudhon ne réduit pas la société à une juxtaposition de communautés locales autogérées et qui passent des accords mutuels ici et maintenant. Proudhon pense à un système économique général, organisé, régulé, structuré. Il fournit un cadre d'ensemble qui régit les actions locales tout en les libérant des règles, acteurs, moyens d'oppression et de domination sur les relations économiques. C'est pour cela qu'il répudie le communautarisme des petites sociétés idéales (comme New Harmony d'Owen aux USA, les phalanstères de Fourier, les communautés idéales de Cabet), dont les penseurs ont comme stratégie, celle de la boule de neige, de la goutte d'huile : le succès entraînera leur imitation et leur expansion. Ce fut manqué, car, comme le dit Proudhon, une société humaine n'est pas un grand polypier. Il faut trouver une formule qui préserve la concurrence (qui est le « moyen de se passer des services de quelqu'un qui les surfait »), qui assure l'égale liberté des échangistes, mais qui permette de réguler l'économie et d'empêcher ainsi « les accidents de valeur ». Liberté, certes, mais dans un cadre commun régulé et organisé dans l'ensemble de ses relations internes. C'est donc tout le contraire du libre-échange concurrentiel sans lois, ni morale ou de l'étatisation collectiviste et forcée. C'est aussi tout le contraire du reproche que fait M. Lordon à l'anarchisme : il ne proposerait qu'un tissu atomisé en communautés locales et sectorielles, un simple manteau d'Arlequin où on passe des contrats entre poules libres, mais sans poulailler.

Proudhon va donc s'attacher à la fois à définir un cadre commun organisé, des règles assurant les libertés d'entreprendre et de vendre, des moyens de régulation et d'équilibration ou égalisation des rapports de force entre acteurs et à proposer des idées spécifiques, mais directrices. Cette deuxième partie de l'essai porte sur le cadre d'ensemble d'organisation et de régulation des échanges économiques dans une société de « fédéralisme intégral » (j'ai traité ailleurs de ce fédéralisme qui met l'égalité, la répartition et l'autonomie des pouvoirs des acteurs en tête de la réforme sociale du socialisme libertaire).

Bien qu'il soit assez difficile de s'y retrouver, tant l'œuvre a été construite par un esprit en constante ébullition, toujours engagé dans de multiples polémiques, par une personne curieuse de tout et dont la pensée est transdisciplinaire et « à faux tournants » (Célestin Bouglé), Proudhon situe l'économie dans un cadre d'ensemble. Il se positionne toujours à partir de « principes régulateurs » (au sens de Kant). Signalons les principaux en préambule de ce chapitre.

Contrairement à ce qui est dit pour le disqualifier, Proudhon est tout à fait favorable au principe d'association qui régit la protestation de l'époque contre le Système libéralo-capitaliste naissant. Mais il distingue deux types d'association : celle motivée par des intérêts et qui est d'inspiration libérale en étant assise sur l'identité des intérêts, souvent issus de la division du travail (celle sur laquelle Adam Smith a construit son économie de l'échange), et celle qui prend la forme d'une communauté unie par des valeurs communes comme la solidarité ou la « fraternité » de Leroux. Or, le principe constant de Proudhon est que toute association doit réunir des intérêts communs (voir les « biens communs » analysés par Elinor Ostrom) et des valeurs politiques ou morales régissant les rapports entre les parties prenantes, tous les acteurs ou les sociétaires.

Proudhon préconisera l'association dans des mutuelles ou des coopératives, mais au nom de son mot : entre la propriété et la communauté, je bâtirai un monde. Ce qui signifie aussi que l'individuel et le collectif s'y combinent, ce qui confirme que la société ou le groupement est un système d'interdépendances. Celles-ci « mutualisent » des intérêts (par exemple les risques, mais cela est fait aussi par des assurances commerciales et capitalistes, lesquelles ont été honteusement favorisées par l'UE qui a forcé les vraies mutuelles à s'aligner sur elles). Mais une mutuelle ou une coopérative authentique est aussi fondée sur un principe politique d'égalisation des pouvoirs de participation à la gestion (l'autogestion que Proudhon préfigure ; voir la fameuse verrerie coopérative ouvrière d'Albi fondée avec Jaurès en 1896, puis devenue une boîte privée après avoir abandonné ses principes à une direction néolibérale, puis éliminée par le marché) et un principe moral : la solidarité. La seule différence est qu'une mutuelle rend des services d'assurances communes et qu'une coopérative produit des biens ou des services (coopérative de production ou de consommation). Proudhon n'aime pas du tout les « communautés » qui risquent aisément de tomber sous la coupe d'un gourou autoritaire et dominateur, de verser dans le sectarisme, d'être rapidement inégalitaires et de négliger les intérêts communs. En outre, tout finit par leur appartenir (en fait le gourou en profite bien plus que les autres), y compris les consciences et les personnes, et la liberté y disparaît. Une association souhaitable réunit donc intérêts à mutualiser et valeurs à partager.

Proudhon se fonde sur un autre principe constant : en finir avec les abus de la propriété privée, surtout celles amenées par la Révolution française qui n'a pas du tout amené l'égalité ou la fraternité, car ce fut, en réalité, une révolution individualiste et propriétaire contre les aristocrates et les corporations ouvrières qui furent interdites alors que les patrons pouvaient se coaliser. La propriété privée, comme droit absolu du propriétaire de faire ce qu'il veut en fonction de ses seuls intérêts ou lubies, a été sanctifiée, instituée comme intangible, par le code Napoléon (droit d'user et d'abuser de type droit romain du *« dominium »*). Proudhon s'est toujours élevé contre la propriété et lui préférait la simple possession. Mais Proudhon, qui, lui, connaissait et ne méprisait pas le peuple ni les paysans, a admis que ces acteurs étaient attachés à la propriété comme moyen de subsistance (intérêt) et aussi comme instrument de liberté (valeur). Le but de Proudhon fut alors de supprimer les abus du droit propriétaire, de généraliser (comme le pouvoir) la propriété, de la socialiser (lui donner une fonction sociopolitique) ; cela poussa aussi Proudhon à inventer une forme de possession collective, « les compagnies ouvrières », que l'on verra plus en détail, *infra*.

Il faut encore situer les positions économiques de Proudhon dans un cadre d'ensemble fondé sur l'équilibration des rapports de force, sur la suppression des asymétries de pouvoir et d'information, sur la mise à disposition pour chacun des moyens de sa liberté économique. En effet, les « accidents de valeur » (mis en évidence dans *Philosophie de la misère*) proviennent essentiellement des inégalités de pouvoir, dont celles qui sont liées à l'accès au crédit.

C'est ainsi que maintenant il faut considérer l'organisation générale des rapports économiques que Proudhon veut réguler au lieu de l'abandonner au laisser-faire libéral.

# Chapitre I
## Les apports essentiels : les forces collectives, la concurrence et la valeur constituée

Proudhon a présenté sa théorie des « forces collectives » dès 1840 (1er mémoire sur la propriété). Vas-Is-Tas, comme on dit dans l'ordo-libéralisme ? Cela signifie que le propriétaire des moyens de production qui dispose de salariés, grâce au droit bienveillant voté par le pouvoir politique, rémunère « la force de travail » individuelle à sa valeur d'échange sur le marché éponyme (c'est l'analyse marxienne) et non le travail, dont la « valeur d'usage » est de pouvoir produire plus de valeur collective qu'il en coûte en tant que valeur d'échange. Pourquoi le travail a-t-il cette capacité de produire plus qu'il n'en coûte, ce qui fait, cela dit au passage, que le salarié individuel ne peut pas racheter ce qu'il produit. Si Marx a fort bien décrit, par le surtravail (si pour assurer la subsistance de la force de travail et de sa reproduction familiale, le « temps de travail socialement nécessaire », compte tenu des évolutions techniques, est de 4 heures par jour et que le travailleur est obligé par le droit propriétaire en place d'en faire 12, le taux de plus-value absolue, de surtravail est de 300 %), s'il nous dit comment extraire au maximum le jus de l'orange, il ne nous dit pas pourquoi l'orange a du jus à exprimer. Eh bien, c'est parce que « les forces collectives » ne sont pas payées.

Proudhon nous le montre avec sa superbe parabole de l'érection de l'obélisque de Louxor place de la Concorde en 1836. Je résume. L'obélisque est élevé en 2 heures par 200 grenadiers, avec force poulies, palans, engins, ingénieurs, contremaîtres, donc par des employés et avec des moyens publics. Supposons que l'érection ait été confiée (c'est ce qu'on fait aujourd'hui avec des PPP, des partenariats privé-public ou des délégations de service public sous le régime de la concession) à un entrepreneur privé, toujours en deux heures et avec 200 salariés. Bien, cela marche. Supposons qu'il ait employé un seul salarié pendant 200 heures : l'obélisque serait resté par terre et pourtant le capitaliste aurait payé la même somme en rémunération de la force de travail. Il n'y a plus de mystère sur l'origine du jus : le capitaliste paye chacun à sa valeur d'échange sur le marché de la force de travail, mais il ne paye pas les « forces collectives » : l'organisation, la coordination du travail, l'interdépendance des fonctions dans la division du travail, les techniques en œuvre, les savoirs à disposition, les infrastructures, la formation des employés, l'usage de la langue commune, la culture du travail, etc. C'est ce que Marx appellera les « forces productives ». Notons que l'explication par notre auteur de l'origine du jus est générale et que n'importe quel régime de domination (comme celui du collectivisme stalinien) peut s'emparer de la plus-value collective qui n'appartient qu'au corps social tout entier, qu'au commun qu'aujourd'hui on re-légitime. C'est ce que les marxistes oublient volontiers, car ils ne s'intéressent guère à la domination politique et à l'injustice, ce qui motive toute l'œuvre de Proudhon. Les forces collectives, qui sont aussi au commencement des progrès incessants de productivité, via la concurrence, produisent de la plus-value relative (différences de productivité exploitables par le capitaliste individuel quand son affaire fait face à une pénurie qui fait que les moins productifs sont quand même demandés et que, ainsi, les plus productifs peuvent aligner leur prix sur le plus cher, selon la théorie de la rente différentielle de Ricardo). C'est ce qui, en partie, motivera la valeur constituée proudhonienne. Cela motivera aussi l'opposition de Proudhon aux droits d'auteur, sorte de propriété privée (*Les majorats littéraires*, 1863). En effet, la création individuelle est hypothéquée par les ressources antérieures où l'auteur a pu puiser et par la socialisation dont il a bénéficié. L'individu, le privé (car il faut étendre la chose aux personnes morales comme les entreprises) a une dette sociale. Les « solidaristes » (dont le pape était Léon Bourgeois qui, comme le nom l'indique, était pro-propriété) diront le contraire : c'est la société qui a une dette sociale vis-à-vis des personnes !

Les marxistes et les libéraux se sont beaucoup moqués de cette théorie à la fois novatrice et raison essentielle de la nécessité de négocier les prix entre acteurs de force égale et mêmement informés en vue de la juste mutualité de l'échange. Proudhon part de la distinction entre valeur d'usage et valeur d'échange, mais, conformément à sa dialectique des contradictoires en équilibration permanente, il refuse de les séparer et plus encore de les opposer, la valeur constituée doit tenir compte des deux faces de la valeur. Proudhon en déduit que si le travail est bel et bien à l'origine de la valeur comme chez les économistes classiques et Marx, cela ne lui confère pas le statut de mesure de la valeur intrinsèque, absolue des choses. En fait, notre auteur abandonne l'idée qu'il y aurait une valeur absolue, comme le travail en tant que fondé sur sa valeur d'usage. Proudhon nous dit que la valeur est relative et changeante. Il n'y a pas de valeur absolue calculable, mais un rapport de forces pour en établir une à un moment et pour un produit donnés. On doit en déduire que la valeur n'existe que sous forme de prix négocié entre contractants qui doivent être égaux en information et en pouvoir ; à un moment donné, compte tenu de l'état des forces collectives, le temps de travail (sous réserve des raffinements de Marx en ce qui concerne les différents types de travail : simple, composé, abstrait, manuel, etc.) ne donne que la place relative d'un produit sur l'échelle des valeurs. Celle-ci, qui peut donc monter ou descendre en fonction des évolutions de la série de productivité, dépend donc des différences de productivité des secteurs productifs et évolue sans cesse. Notre auteur, en fait, aboutit à une théorie des coûts de revient relatifs, ce qui ne peut que pousser à abandonner la valeur absolue pour l'étude de la formation des prix. Et c'est là que la concurrence et son organisation sont fondamentales, car les négociations, si elles ont lieu à armes égales et dans la transparence de l'information, procureront ladite valeur constituée, c'est-à-dire le juste prix assis sur les coûts de revient plus la marge à discuter entre échangistes. Dans l'expression du « juste prix » qui résulte de la priser compte, lors de la négociation d'une transaction entre deux échangistes de force équivalent du coût de revient et de la marge acceptable, Proudhon n'est pas loin d'établir une conception marginaliste de la formation des prix ; c'est ce que pensera Auguste Walras, économiste et père de Léon.

Je rappelle au passage que les marxistes n'ont jamais pu sortir de l'impossibilité de transformer les prix en valeur et vice versa. C'est qu'il y avait un énorme loup dans le raisonnement. Marx nous dit que la valeur d'échange de la force de travail est assise sur le temps socialement nécessaire pour pouvoir acheter les moyens de subsistance de la famille du travailleur (ce que certains, comme Lassalle, ont transformé en loi d'airain du salaire). Or, si je ne me contredis pas, ces moyens sont eux-mêmes une production d'autres forces de travail, qui contiennent ainsi de la valeur travail antérieure. Conclusion : le serpent se mord la queue, tout est dans tout et réciproquement. La valeur devient autoréférentielle, contradictoire et il demeure impossible de se sortir du cercle vicieux valeur/prix. Et il y a omission d'un principe moderne de logique : toute norme est justifiée par une norme de rang supérieur. Ce qui gêne aussi beaucoup nos défenseurs du « droit positif » à la Kelsen, inventeur de la chose pour ce qui est de la série juridique. Où est la norme qui légitime vos normes ?

On en revient à la concurrence dont Proudhon accepte la composition duale et conflictuelle (c'est sa dialectique) : la concurrence, c'est la liberté, mais c'est aussi les inégalités et le désordre. Proudhon ne veut pas éliminer la concurrence. En effet, elle est un des moteurs de l'innovation, de la baisse des prix et de « l'effervescence sociale » dynamique ; car, notamment, elle reste créatrice de conflits à résoudre par la négociation. Mais la concurrence non régulée, non encadrée par des lois et des procédures, conduit à la concentration en faveur des plus forts, à la spéculation, à l'accaparement pour spéculer à la hausse, aux accidents de valeur où les prix sont manipulés, à la fuite en avant devant l'incertitude générale. L'épisode des *subprimes* avec le krach mondial de 2008 en est une magnifique démonstration comme le jeudi noir de 1929. La concurrence est faussée parce que les acteurs économiques n'ont pas le même niveau d'information (alors qu'Hayek, pape du néolibéralisme fondé sur le libre-échange et le marché comme seul porteur d'information accessible à tous, en fait l'élément principal d'une « économie ouverte » sans prendre en compte les asymétries dans sa diffusion) ni le même degré de puissance dans leurs relations transactionnelles. C'est toujours le diktat du renard libre dans le poulailler libre et la baleine bleue face à l'ablette qui l'emportent. Proudhon va donc nous proposer des moyens à la fois institutionnels ou généraux et des solutions particulières et concrètes : un droit général dans le cadre de son fédéralisme intégral, un système d'information, d'autres formes de propriété, un autre système de formation…

# Chapitre II
# « Organisons le droit et laissons faire la boutique »

Cela n'est pas une boutade. Pour Proudhon, la concurrence non régulée, absolue, conduit automatiquement à la victoire des plus puissants et à une concentration qui finit par la supprimer. C'est ce que fait faire la prétendue loi de l'offre et de la demande en univers concurrentiel quand les rapports de force sur le soi-disant marché libre ne sont pas équilibrés, quand les pouvoirs des échangistes sont inégaux. Égaliser ces rapports est le but de l'organisation proudhonienne des échanges. L'inégalité des échangistes, c'est, du reste, ce que l'on observe depuis longtemps dans l'UE avec la consécration de l'excédent commercial teuton (jamais condamné bien que les textes le prévoient au-delà de 6 % du PIB !). Proudhon note aussi que si la concurrence n'est pas organisée, régulée, limitée par l'égalisation des relations entre pays échangistes, on court vers la guerre économique, qui supplante les autres motifs de guerre (*La guerre et la paix*, 1861, livre qui a inspiré des idées au *Guerre et paix* de Tolstoï). Proudhon veut aussi empêcher « les accidents de valeur » que l'absence de réglementation permet. Par exemple, en l'absence de règles, tant substantielles que procédurales, la spéculation peut avoir libre cours comme l'a montré la catastrophe des *« subprimes »* aux USA, puis dans le monde entier, en 2008. La spéculation est une attaque directe et abusive contre la fameuse loi de l'offre et de la demande qui nous dit que quand les prix augmentent, la demande diminue. En univers spéculatif, c'est l'inverse :

plus les prix montent, plus les spéculateurs achètent, car ils pensent que la hausse va continuer. Proudhon établit des règles communes afin d'empêcher « les distorsions de concurrence ». Là, les libéraux me disent aussi sec : c'est ce que fait l'UE pour assurer « la concurrence libre et non faussée ». Sans doute, mais chez Proudhon, la concurrence concerne tout le monde, y compris les consommateurs alors que les directives de l'UE essaient de les empêcher de connaître l'origine et la composition des produits. La concurrence implique les travailleurs, les producteurs de base qu'il faut protéger et auxquels il faut assurer un pouvoir suffisant et égalisé pour pouvoir, par exemple, négocier les salaires et les conditions de travail. Or la libérale grosse Commission de Bruxelles prend grand soin d'éviter des règles d'harmonisation de ces choses, car le pont aux ânes de la concurrence, ce qui la permet, la favorise, l'accélère, ce sont les différences, notamment celles du droit du travail dans les différents pays. Il faut se rappeler que la logique de la concurrence libérale, assise seulement sur les offreurs de production et la liberté totale des échanges, est celle du 2e principe de Carnot pour le rendement des machines thermiques : ce rendement dépend de la différence de température entre la source froide (ici, la loi de la concurrence générale) et la source chaude (ici, les différences de législation, par exemple fiscale, sociale, du travail, du syndicalisme, de l'écologie, etc., puisque tout est interdépendant dans le système global de l'UE). Il faut donc interdire toute harmonisation en faveur de l'égalisation des pouvoirs des acteurs, autres que les entreprises de production et de commerce, pour que la concurrence, censée faire baisser les prix, croisse et embellisse. Du reste, la concurrence finira par tout égaliser. Sans doute, mais quand (à la Saint-Glinglin ?) et à quel niveau ? Pas de réponse, mais on sait que la régularisation se fera par le plus bas niveau. Ira-t-on jusqu'à celui du

Bangladesh avant que les peuples européens ne donnent tous le pouvoir aux partis d'extrême droite ? En outre, Proudhon n'oublie pas que la concurrence bien réglementée permet de réduire les asymétries de pouvoir entre concurrents.

Les bonnes âmes libéralo-capitalistes vont objecter à Proudhon qu'il a été entendu 150 ans après sa mort puisque l'UE a mis en place le règne de la loi (et même d'une pseudo-Constitution européenne en 2008 après l'échec du TCE en 2005 en France, en Irlande et aux Pays-Bas), c'est-à-dire l'ordo-libéralisme d'origine tudesque, repris par VGE, président néolibéral né à Köln. Sans doute, mais il s'agit seulement d'un droit économique de la seule concurrence *über alles*, non d'un droit fédératif et intégral qui équilibre les pouvoirs de tous les acteurs et dans tous les domaines, à commencer par la dimension sociale qui est l'Arlésienne promise par Delors dès 1986 !

Car Proudhon cadre aussi l'économie dans un ensemble juridique où le droit social figure en excellente place. Car notre auteur prend le droit très au sérieux, vu qu'il est le moyen fondamental de régulation des rapports sociaux et de fixation des attentes réciproques dans la stabilité et la sécurité. Sophie Chambost a bien montré cette primauté du droit chez Proudhon et dès 1932, dans sa thèse de doctorat en France, Gurvitch avait prouvé la très haute place de Proudhon dans la naissance du droit social. C'est ce que résume la formule donnée en titre à cette partie de l'essai.

Le droit chez notre auteur est donc fondamental ; il faut alors se demander d'où il vient, comment il est établi, avec quelle légitimité, en faveur de qui ou de quoi ? Proudhon n'ignore pas qu'une bonne partie du droit vient des coutumes, des traditions, des pratiques, des conventions entre acteurs. Il ne récuse pas cette partie, mais elle semble insuffisamment puissante pour émettre des règles légitimes pour tous sur un vaste territoire partagé par une communauté politique de destin. Du reste, on voit bien que dans les pays de *« common law »*, généralement anglo-saxons, le droit formel et les jugements consacrent bien trop aisément les droits des plus forts (voir l'horrible suppression des « enclosures » ou terres communes de vaine pâture en Angleterre). En outre, le droit établi, par les lois ou les coutumes, nous donne trop facilement un État de droit, un droit institué, prétendu « positif » à la Kelsen (en place, établi, légal), qui voit les assauts des contre-instituants contre le désordre établi. Or, suivant le mot de Lamennais, le droit doit procurer une protection aux plus faibles contre les puissants. Proudhon, peut-être un peu trop français en la matière, préfère la loi pour établir le droit. Or, qui fait la loi légitime ?

D'après Bodin (*La République* en 1576), la souveraineté consiste à « donner et casser la loi ». Mais qui est le souverain. D'après Rousseau, c'est le peuple, mais il doit être bien représenté pour que la volonté générale (la sienne, son intérêt général) coïncide avec la volonté de tous (la majorité législative). Ce qui suppose que la chambre législative soit effectivement représentative. Proudhon ajoute qu'elle ne peut pas l'être dans un système électoral atomistique et individualisé et dans un régime politique qui sépare dirigeants et dirigés, qui met le pouvoir politique en dehors et au-dessus de la société civile et qui se transforme en État, qui, en réalité, finit par être le souverain à la place des citoyens. Il s'ensuit « qu'il faut avoir vécu dans cet isoloir qu'on appelle une Assemblée nationale pour comprendre que le peuple est presque toujours représenté par des gens qui ne le connaissent pas » (*Les confessions d'un révolutionnaire*, 1849). J'ai proposé, dans le sillage du proudhonisme, une façon de supprimer cette coupure dirigeants/dirigés, corps politique/société civile par un système de fédéralisme intégral pour obtenir une représentation authentique. Cela est absolument nécessaire pour que les lois servent l'intérêt général et que les législateurs ne prennent le parti des capitalistes qui peuvent les capter. Je n'y reviens pas, mais j'insiste sur le fait que le droit économique de Proudhon ne peut pas être séparé de son droit général sur la représentation et le régime politique. En d'autres termes, chez Proudhon, le politique conserve toujours la prééminence sur l'économique. Notre auteur se bat avant tout pour l'égalisation de la détention du pouvoir également entre tous les acteurs de la société. Et surtout contre toute domination.

Sur le point du contrat, les marxistes n'ont cessé de se gausser de Proudhon et les libéraux de l'attirer dans leurs filets. Rappelons l'essence du contrat en univers libéral. Il est passé entre deux acteurs considérés comme également libres de contracter, quel que soit le rapport des forces en présence ; c'est légalité de pouvoir contracter entre le « renard libre et la poule libre », comme disait Jaurès. Tout se passe comme dans un petit marché atomistique où le quidam tartempion vend à trucmuche alors que l'on sait qu'il n'y a plus vraiment de telles places de marché, mais, par exemple, d'énormes centrales d'achat de la grande distribution face à des petites entreprises ou coopératives agricoles, un Lactalis contre un petit éleveur. On sait que l'offre, désormais, est faite par de grandes entreprises plus ou moins cartellisées par leur lobby. De plus, le contrat obéit à des normes peu exigeantes *ex ante*, car elles sont procédurales au lieu d'être substantielles (impératives, formelles, mais jurisprudentielles et évolutives chez Proudhon). Que signifie le procédural dans ses conséquences juridiques ? Qu'un contractant lésé ne peut se plaindre qu'après coup et, peut-être, si un juge, en général sensible au pouvoir des trusts et des puissants, lui donne raison, obtenir des indemnités. On y est libre d'agir comme bon vous semble à condition de ne pas nuire, ce qui inverse la charge de la preuve, car c'est au plaignant de prouver qu'il a été lésé alors que dans la norme ou la règle substantielle, c'est au défenseur de montrer qu'il ne l'a pas violée. Proudhon, naturellement, préfère la règle substantielle pour régir les contrats et il nous rappelle qu'avant qu'on puisse signer des contrats, il doit y avoir un droit institué des contrats, ce que semblent ignorer les libéraux non institutionnalistes en économie. En outre le droit procédural ne concerne que les proches voisins des nuisances et vivants aujourd'hui. Tant pis pour les générations futures et les personnes éloignées comme dans le cas du nuage radioactif de Tchernobyl, qui, fort heureusement d'après le « professeur » Tubiana stipendié par le pouvoir, n'a pas atteint la France en 1986.

Proudhon, dans sa conception du contrat, entend que des règles sociales communes et générales les régissent. Ces règles sont conçues pour que les contractants soient de force à peu près égale afin d'empêcher que le plus puissant n'impose sa loi comme tout Lactalis qui se respecte. Il ne peut pas exister de juste contrat si les contractants sont de puissance inégale. Le cadre général des contrats, celui voté parfois des représentants vendus aux puissants économiques, ne doit pas non plus forcer les décisions. Par exemple, le cadre législatif actuel des contrats impose une démarche de calcul coûts/bénéfices de type financier et comptable qui exclut la justice, l'égalité des contractants, les problèmes écologiques ou sociaux, la quiétude et la sécurité des riverains. Dans une enquête de DUP (déclaration d'utilité publique), le futur contractant pour la mise à disposition de choses publiques ne doit que prouver qu'il crée des emplois et cela sans compter ceux que le projet fait disparaître. Donc, il ne peut exister de contrat libre que si le droit des contrats et tout l'environnement juridique équilibrent les forces des contractants. Le contrat doit être véritablement « synallagmatique », comme disent les juristes, ce qui n'est que trop rarement effectué (achetez votre voiture d'occasion à un particulier, plutôt qu'à un grand garage).

Mais ce n'est pas tout. Le contrat doit répondre à une norme morale et à une législation qui évite les tromperies, les « accidents de valeur » (surfacturations, spéculation pour faire monter les prix, accaparement, dol, corruption, ce qui explique que le gouvernement ait supprimé le droit d'ester en justice qu'avait Anticor !, etc.), les manques d'information (qui permettent de leurrer ou de profiter d'une information encore secrète). Les protagonistes doivent être tous les deux correctement et également informés par des moyens à disposition (on verra lesquels infra) et doivent négocier de bonne foi pour arriver à un juste prix que Proudhon a appelé « la valeur constituée » qu'on verra dans le détail ultérieurement. En outre, les contractants ne sont pas des monades, des atomes isolés. Ils appartiennent à des réseaux organisés qui peuvent les aider. C'est ainsi que Proudhon fédère les échanges dans ce qu'il a nommé : « le syndicat général de la production et de la consommation ». Et n'oublions pas que, pour éviter le face-à-face du krill et du rorqual, Proudhon préconise les coopératives, de production et de consommation et les mutuelles (dont il faut rappeler qu'elles ne doivent pas faire de profit). Tout cela montre que Proudhon a horreur du contrat libéral qui est significatif d'un monde considéré comme individualiste et atomistique hors de tout cadre et de toute norme ou raison collective.

Le droit est pour Proudhon une institution gouvernant et médiatisant les rapports sociaux et c'est pour cela qu'il doit équilibrer en permanence les forces respectives des acteurs en présence. J'entends Hayek hurler au constructivisme parce que pour lui rien ne doit entraver les libres forces du marché. C'est un sophisme, car ledit marché, abandonné à lui-même, est sauvage et conduit aux inégalités et parce que prôner de la régulation et même de la « planification indicative » à la française ne nous amène pas *ipso facto* au collectivisme soviétique. Cela suppose, néanmoins, que le droit soit établi par une juste démocratie où tous les citoyens sont égaux dans leur accès aux élections et aux pouvoirs.

# Chapitre III
# Monnaie commune, banque et crédit ouverts

Proudhon a totalement renouvelé la conception de la monnaie. Il avait observé que les petits producteurs n'y avaient pas accès et encore moins au crédit et il s'était demandé pourquoi.

Il observe qu'il n'y a pas assez de monnaie en circulation parce que, à l'époque, c'est un monopole étatique (d'où le cours forcé pour les paiements) fondé sur les métaux (or et argent) et sur le papier-monnaie émis par la banque de France (fiduciaire) ; ce papier est gagé sur les réserves d'or (étalon-or) afin d'empêcher l'impression de trop de billets (planche à billets du même tonneau que le rognage de la quantité d'or ou d'argent dans les pièces métalliques, sorte de dévaluation cachée réalisée souvent par les rois). L'étalon-or est restrictif et déflationniste par construction, ce que dira Keynes contre Churchill dans l'entre-deux-guerres. Or, pour Proudhon, la monnaie est un bien commun, relevant de la souveraineté. Notamment, c'est un moyen de puissance (thèse des mercantilistes) qui permet de dominer : accumulation, concentration, accaparement de terres, paiement de mercenaires, achats somptuaires pour montrer sa force, etc. En outre, le possesseur de monnaie peut sélectionner ses emprunteurs. Le prêt, à intérêt (interdit par les religions), qui fait que l'argent rapporte de l'argent, est une taxe sur la production future de l'emprunteur, taxe ruineuse si les affaires ne marchent pas. Pour Proudhon, la monnaie n'est pas qu'un étalon de mesure, une unité de compte et un moyen de paiement ;

c'est un instrument de pouvoir, de domination et d'exploitation ; c'est « une réserve de puissance ».

La monnaie appartient au peuple tout entier et c'est ledit peuple qui accorde sa confiance à la monnaie en place et acceptée comme moyen de paiement. Or, ce bien commun souverain a été confié à un « organe » (au sens de Soljenitsyne) privé, la Banque de France (créée sous Napoléon 1er) qui le gère au profit de ses amis de la finance et de l'économie, de sorte que pour pouvoir emprunter afin d'investir, il vaut mieux être riche. Comme dit le proverbe : on ne prête qu'aux riches. Cette double restriction (pas assez de monnaie à la hauteur des besoins de développement de l'économie, et attribution d'avances en capital seulement aux riches ayant des gages à offrir en garantie) fait que les petits producteurs sont dans une situation d'injustice pour l'accès à la monnaie.

Or, on peut créer une monnaie différente, la scripturale, qui part du crédit et en offre. Du reste, cela se développe déjà avec les lettres de change ou les billets à ordre, qui ne sont plus seulement des garanties, évitant les transports d'or, comme au Moyen Âge. On sait qu'aujourd'hui le crédit bancaire fait plus de 80 % de la monnaie en circulation. Proudhon a anticipé le fameux slogan : c'est le crédit, fondé sur la confiance, qui crée la monnaie. Il a remis en cause le primat, qui a longtemps perduré, de la monnaie métallique. Et on sait aujourd'hui que la monnaie n'est plus garantie par quoi que ce soit depuis que, en 1971, le Gold Exchange Standard, qui alignait toutes les monnaies sur le dollar, la seule qui restait garantie par un stock d'or, a été supprimé sous Nixon aux USA. C'est devenu un pur signe de confiance, ce qui explique que le dollar, qui ne devrait plus valoir grand-chose compte tenu des énormes et récurrents déficits américains, continue de régner sur le monde parce qu'il est assuré par la puissance US. Proudhon s'élève aussi contre une ânerie (qui perdure chez les économistes de l'équilibre marginaliste) : la monnaie n'est qu'un voile par rapport aux valeurs en circulation et échangées (si vous prenez l'échelle Fahrenheit au lieu de Celsius, cela ne change pas la température, mais seulement la façon de la mesurer). Le monétarisme de Friedman démolit lui aussi cette position idiote. Car la monnaie est aussi un moyen de puissance et a des effets induits sur « les anticipations rationnelles » des individus : le monétarisme nous dit que si le pouvoir crée trop de monnaie, cela va susciter de l'inflation qui est alors anticipée et permet aux citoyens de détourner cette mesure en la rendant inefficace. En outre, comme l'observe aussi Proudhon, la monnaie métallique est elle-même une marchandise dont le prix évolue, ce qui la rend incertaine comme étalon de mesure et unité de compte ou moyen de paiement.

Enfin, pour justifier l'approche de la monnaie comme simple voie sans effet sur l'économie, les économistes inventèrent la théorie quantitative de la monnaie (montant en circulation plus vitesse de circulation). Pour disposer de la monnaie nécessaire aux échanges, il suffit donc d'accélérer la circulation. Encore une théorie fausse dénoncée par Proudhon.

Comme la monnaie est un bien commun, il faut la retirer des mains avides de l'État, du fisc et des banques privées. Pour demeurer souveraine (André Orléan), elle doit être socialisée et fédérée. C'est là l'origine de la banque du peuple lancée en 1849, qui hélas durera peu, malgré le succès de son démarrage, car elle fut attaquée de toute part et, car Proudhon était en prison. Notre auteur tire de tout cela une conclusion logique : la monnaie n'est qu'un signe sans valeur intrinsèque et on peut en faire autant qu'on veut tant qu'on lui fait confiance et que cela correspond aux besoins de l'économie.

Pratiquement, Proudhon lance en 1849 sa fameuse banque du peuple, dont nous allons décrire maintenant les principes de fonctionnement. La banque du peuple est une structure financière organisant un réseau de producteurs et de fournisseurs qui s'engagent mutuellement à des transactions entre eux en utilisant comme monnaie (moyen d'accélérer la circulation dans les échanges) la lettre de change escomptable à la banque. Gesell ajoutera que cette monnaie doit être « fondante », c'est-à-dire que sa valeur faciale doit diminuer au cours du temps afin de pousser encore plus la vitesse de circulation de l'argent. La banque peut faire des prêts à condition que ce crédit (sous forme de lettre de change) soit utilisé dans le réseau d'échangistes. Ainsi le petit producteur, notamment celui qui veut créer une activité, peut-il investir en trouvant une avance en capital financier. Cela est facilité par le fait que la banque ne fait payer (via des agios) que ses frais de gestion et nullement des intérêts (crédit gratuit, dixit Proudhon, analogue aux petits crédits de Yunus pour fournir des avances en capital destinées à la création de microentreprises). Il faut ainsi voir cette banque à la fois comme une mutuelle (assurance de soutien mutuel dans le réseau) et comme une coopérative de services financiers qui ne fait pas de bénéfices. La banque ne fait pas d'investissement, encore moins de spéculation (ce que font nos prétendues banques « universelles » actuelles qui piochent dans les dépôts, qui plus est non rémunérés, pour financer des affaires et des spéculations sur les titres financiers ou les fusions d'entreprises à la façon de Rothschild où travaillait M. Macron). C'est une banque de dépôt et de crédit qui peut faire des avances parce que le public qui lui fait confiance y dépose de l'argent.

On n'a pas assez vu ou dit que la banque du peuple, qui gère la circulation des lettres de change accélérant la circulation des crédits, contient une autorégulation des échanges en procurant juste la quantité de monnaie nécessaire à ces derniers. En outre, on peut aussi y voir une autorégulation possible d'un système de contrôle des changes. En effet, les exportateurs sont censés y verser leurs avoirs en devise contre la monnaie interne gérée par la banque. Les importateurs peuvent alors y emprunter lesdites devises. Or, si la banque ne dispose pas d'assez de devises étrangères, elle ne peut pas en prêter. On arrête alors d'importer à tire-larigot comme le fait aujourd'hui la France dont le déficit de la balance commerciale est astronomique depuis fort longtemps. Pour quoi faire ? Par exemple, acheter des berlines tudesques et des cerises hors saison au Chili (con carne avec le bœuf du Brésil ou d'Argentine ou du mouton de Nouvelle-Zélande ou des œufs au fipronil de Hollande). Il va de soi que la banque du peuple est socialisée, fédérée, autogérée par ses employés au service de son réseau de clients (comme une coopérative ou une mutuelle) ; elle est donc indépendante de l'État et de la finance privée dont Proudhon a stigmatisé les nuisances dans son *Manuel d'un spéculateur à la bourse* (3e édition en 1857). Ce serait la même chose pour tout ce qui peut relever d'un service public chargé de la gestion d'un « bien commun ». Et qu'on ne nous dise pas que c'est impossible, car une banque analogue existe en Suisse depuis plus de 150 ans.

J'en profite pour recommander à nos socialistes franchouillards et en peau de lapin social-démocrate de réclamer au pouvoir la mise en place d'une monnaie purement interne au pays, gérée par une banque du peuple qui pourrait lui consentir des avances, hors zone euro. Sa monnaie serait « le Proudhon ». Cela ne contreviendrait pas aux règles de l'UE et amènerait un peu de concurrence, si adorée par la Commission de Bruxelles, dans l'oligopole de la finance, cette ennemie de Guimauve Le Concurrent. Rappelons que l'Union bancaire concoctée dans l'UE, Hollande régnant en France, ne régule pas les banques régionales ou les caisses d'épargne allemandes, celles qui prêtent aux grosses PME-SARL teutonnes (distorsion de concurrence). Eh bien, ce devrait être le cas pour la banque du peuple…

# Chapitre IV
# Organisation d'ensemble et système d'information indépendant

Proudhon ne songe nullement à une juxtaposition de collectivités de production totalement indépendantes, de communautés locales à la mode du multiculturalisme canadien, sans coordination globale, comme il répudie un droit qui le permettrait. Certes, les producteurs doivent être libres de leurs choix et capables d'affronter la concurrence, mais cela doit se faire dans un cadre de règles communes (une sorte d'ordo-libéralisme, mais où le droit est avant tout social, au service de l'intérêt général et inspiré par la recherche de la Justice) et dans une organisation d'ensemble qui apporte aide et support aux acteurs mis en réseau de réciprocité. Naturellement, il faut aussi éviter les asymétries d'information qui favorisent indûment tel ou tel acteur plus puissant et mieux informé que les autres. Il faut empêcher que les forces soient si déséquilibrées que de prétendues « négociations » du genre de celles propulsées par les lois EGalim (on en est à 3 ; elles mettent face à face, sans intermédiation, 5 énormes centrales d'achat hyper puissantes de la grande distribution et des petits producteurs) permettent de spolier les producteurs, les coopératives et les consommateurs. Ou que des gouvernements compradors ne pondent des lois au profit de leurs amis du capital. Il faut que, contre ces possibilités de distorsion des rapports de force et de la concurrence, ce qui conduit forcément à des échanges tronqués, se dresse une organisation commune qui défend la Justice dans les relations socio-économiques.

C'est pourquoi Proudhon préconisera une organisation commune pour régir les rapports entre acteurs. Cette organisation doit être comprise comme une structure de « mise en expression » (Jean Sur), de débat, de négociation et de défense des intérêts. Et cela sans oublier que son principe directeur, sa finalité morale, c'est évidemment la recherche du plus de Justice possible via l'équilibration des rapports de force. N'oublions pas que cela se situe dans le cadre général du fédéralisme intégral qui redonne à chaque acteur les pouvoirs nécessaires pour « persévérer dans son être » en tant qu'être muni des pouvoirs et des libertés lui permettant de se réaliser et de bien vivre.

Et, naturellement, comme le veut un vrai principe de subsidiarité (le contraire de celui de l'UE actuelle qui, d'en haut, consent à abandonner quelques pouvoirs aux acteurs sociaux de bas, ceux, du reste, dont elle ne peut pas s'occuper), il faut partir de la base, aller de la circonférence au centre, de la périphérie vers la totalité sociétale de façon que chacun puisse agir dans son environnement et sa fonction, à partir de ses besoins, choses que, en outre, il connaît bien mieux qu'un politicien national ou européen ou un technocrate formaté par l'idéologie néolibérale à l'ENA. Rappelons-nous le mot de Pascal : le centre est partout, la circonférence nulle part. Le principe de subsidiarité émane des œuvres de Marsile de Padoue (le *Défenseur de la paix*, 1324), de l'école espagnole de Salamanque et des juristes défenseurs du droit des gens, des communautés, tel Grotius ; ce qui est amusant, car beaucoup d'européistes se réclament des racines chrétiennes de l'Europe, c'est que ses dirigeants actuels, sans doute plus luthériens que catholiques, négligent cette origine dudit principe.

Proudhon part des relations entre producteurs pour réunir « la Marianne des champs à la sociale des cités », puis il prend en compte les consommateurs (rappelons qu'il est mort en 1865 à 56 ans, bien avant que la consommation devienne le *deus ex machina* de la croissance !). C'est pourquoi il organise leurs rapports avec les producteurs dans « un syndicat général de la production et de la consommation ».

Notre auteur observe aussi, car chez lui les idées viennent de la pratique (il n'a pas inventé l'association ni la mutualité, car il les avait analysées chez les canuts de Lyon où il travaillait, mais il a englobé ces pratiques dans une organisation d'ensemble et dans un projet global), que l'information des acteurs sociaux est très insuffisante, ce qui favorise grandement les mieux informés et les plus puissants, ce qui déforme énormément les relations économiques et facilite toutes les manipulations des propriétaires des moyens de production et de consommation. Il réclame des statistiques pour la France, une comptabilité nationale (Jean Bancal : *Œuvres choisies* de Proudhon), des moyens d'information commune sur les prix, sur les offres. Cela sera fait ultérieurement, mais naturellement sans en prendre l'inspiration justicialiste ni fédéraliste ni de démocratisation.

En effet, il nous faut déplorer essentiellement trois choses : les « organes » d'information sont pour la plupart dans les pattes partiales de l'État et de ses sbires ; l'information recherchée est limitée aux besoins des politiciens et des capitalistes ; l'information officielle est truquée. Je vais ainsi illustrer que les idées de Proudhon peuvent encore servir à nous guider en faveur d'un socialisme libertaire et à lutter contre le Système libéralo-capitaliste. Cela peut aussi nous aider à « déconstruire » le discours idéologique et néolibéral actuel, celui que nous rabâchent les politiciens et les économistes « organiques » du capital.

Les exemples qui montrent que l'information est encore actuellement parfaitement biaisée en faveur du néolibéralisme pro-SLC (Système libéralo-capitaliste) et tout à fait en dehors des préconisations proudhoniennes abondent. Nous nous contenterons d'en aborder trois : le calcul du PIB et les statistiques du chômage pour l'univers public et gouvernemental, la « comptabilité » pour les entreprises.

Le PIB ne s'intéresse qu'à la croissance, car c'est devenu l'objectif numéro 1 des politiciens pour être réélus. C'est un objectif consensuel, car il réconcilie tout le monde. La croissance, c'est super : cela permet d'accroître la part de chacun sans toucher aux règles de répartition et cela crée de l'emploi (de moins en moins pour cause de robotisation, d'informatisation et d'Intelligence artificielle). C'est pourquoi nos génies du pouvoir, de la finance et du commerce mirent la consommation dans le calcul du PIB qui, s'il augmente entre deux années de calcul d'icelui, montre qu'il y a eu croissance. Y mettre la consommation, qui est un emploi d'un revenu antérieurement acquis dans la production et la circulation, est un non-sens. En outre, il est bien connu que le PIB n'a rien à voir avec la morale, la justice et même la richesse nationale, car la réparation des nuisances et des guerres y est comptée positivement, et aussi le gaspillage auquel pousse sans cesse la publicité. La consommation, c'est une demande effective et solvable qui n'a rigoureusement rien à voir avec les besoins, qui, eux, ne sont pas vraiment étudiés par la puissance publique. Elle préfère suivre la consommation qui fait partie du PIB. Dans le domaine de l'économie privée, toutes les normes, les façons de calculer les résultats sont axées sur le profit, le calcul coûts/bénéfices, la « valeur pour l'actionnaire » (dividendes plus plus-values rapportés par les actions).

Sur le calcul du chômage et la publicité des résultats, on se trouve chez les faussaires et les menteurs afin de dorer la pilule et trumper le peuple. M. Macron avait promis un taux de chômage de 5 % en 2027. On en est loin et, vu le nombre actuel de flux de faillites, on se dirige vers 8 % fin 2024.

Le chiffre officiel actuel est d'environ 7 % et il a été obtenu à la suite de nombreuses manipulations, tant sur la façon de sortir les gens des statistiques, que de créer des emplois. Ce qui montre au passage que, en réalité, le pouvoir ne s'occupe que du nombre d'emplois et pas vraiment du chômage (ni du travail dont pourtant il se gargarise). Le pouvoir s'est ingénié pour créer des emplois ou pour retirer des chômeurs, actuels ou potentiels, des listes de désormais France Travail, ex-Pôle Emploi. L'apprentissage est devenu quasiment gratuit pour les entreprises qui ont beaucoup profité de l'aubaine, les horribles emplois du type Uber ou Deliveroo, avec lesquels le prétendu salarié n'a pas de protection sociale payée par l'employeur (retraites, Sécu), doit payer son matériel et son entretien, où la « plateforme » est maîtresse des tarifs (comme au bon temps des canuts et des emplois à domicile du XIX$^{e}$ siècle), tous ceux qualifiés du joli mot « d'auto-entrepreneurs » ont été favorisés, car cela donnait des emplois (la France est allée jusqu'à s'opposer à un projet de réglementation européenne en la matière !). Dans les statistiques, désormais tenues par l'État puisque l'UNEDIC a été fusionnée avec Pôle Emploi sous Sarkozy, un emploi en CDI et à temps plein compte comme un emploi à temps partiel, en CDD, précaire, alors que la moindre honnêteté voudrait que, par exemple, un mi-temps soit compté comme un demi-emploi. Plus fort : le pouvoir fait la chasse « aux assistés » en réduisant l'indemnisation du chômage afin de pousser les chômeurs à accepter n'importe quel emploi. Et ces dirigeants sans morale et sans cœur ont même le culot de dire qu'il s'agit de contrats librement passés ! En réalité, le pouvoir et le patronat, qui nous bassinent avec la « valeur travail », s'en moquent : il n'y a que la quantité d'emplois, quels qu'ils soient, et de gens en emploi, quelle que soit leur situation, qui les intéresse et leur système statistique de même que les « organes » qui les pondent sont à leur main.

C'est pourquoi Proudhon, qui considère que l'information est un bien commun, nous incite à socialiser et fédérer le système d'information. Je décrirai cela plus en détail lorsqu'on verra « les Compagnies ouvrières ». Disons, pour l'instant, qu'il faut retirer l'information tant des griffes de l'État que des mains du privé et des capitalistes. Il faut que l'information soit possédée en « mains communes » par tous les acteurs concernés et ne demeure pas la propriété du pouvoir ou du capital.

Pour assurer plus de transparence et de généralité de l'information, Proudhon présente aussi des petites solutions concrètes tirées de son expérience. Il faut qu'existent des mercuriales, des barèmes nationaux, des lieux de stockage ou d'information où voir l'offre de produits (docks, magasins généraux, expositions) ; et n'oublions pas que, avant de contracter, les acteurs, hors asymétrie d'information (ce qu'a dénoncé Stiglitz), négocient et qu'ils peuvent s'appuyer sur des structures d'aide et de défense.

Cependant, avant tout échange, il faut bien voir que les forces en présence ne sont pas forcément équilibrées, ce qui favorise évidemment l'échangiste le plus puissant. Du reste, c'est ainsi qu'Aristote voyait la formation du prix : celui qui avait le plus de renommée, de prestige, de pouvoir l'emportait. Et, dans les rapports de force entre acteurs, jouent naturellement la disproportion des accès à la propriété et donc aussi les droits de propriété. C'est pourquoi, au nom de la justice, Proudhon s'attacha sans cesse à résoudre ce problème crucial, car la propriété était au fondement du nouvel ordre social, présenté faussement comme plus juste, lancé par la Révolution française qu'il se proposa de parfaire dans le sens de la Justice.

# Chapitre V
# Diversité de la propriété, de la possession ; formation permanente

Dès *Qu'est-ce que la propriété ?* (1840), Proudhon dénonce la propriété comme vol ; car il estime que la Révolution française a perpétué son emprise sur la société. C'est ce qu'a bien vu Catherine Malabou dans un livre récent sur l'inachèvement de ladite Révolution (*Il n'y a pas eu de Révolution*). On va remettre les pendules à l'heure sur la bonne signification de cette position (le vol est l'aubaine de l'appropriation des forces collectives). Et la phrase « la propriété, c'est le vol » succède à « l'esclavage, c'est l'assassinat », curieusement toujours oubliée. Rappelons que le libéralisme considère la propriété comme perpétuelle (les journalistes disent éternelle, alors que ce mot signifie sans début ni fin). C'est dans des choses comme cela que l'on voit l'utilité de l'anthropologie (notamment anarchiste de Scott, Graeber, Sahlins) ou de l'ethnologie : en montrant que la propriété n'existe pas dans bien des sociétés, dites premières, dont certaines existent toujours, elle invalide ce postulat que Proudhon avait « déconstruit » dès 1840. Il faut aussi s'inspirer de la géographie, sociale et humaine d'Élysée Reclus.

Les attaquants de la thèse de Proudhon font semblant de méconnaître que cet auteur critique la propriété absolue (celle du code Napoléon comme droit d'en user et d'en abuser). Ils feignent aussi d'omettre que la volonté des socialistes de faire disparaître la propriété ne porte que sur celle des moyens de production et non des brosses à dents et des biens dits « fongibles ». Ils ignorent surtout que la propriété absolue visée par Proudhon était celle qui permettait l'aubaine ou l'enrichissement sans cause et sans travail, donc une sorte de vol par occasion opportune ou par la grâce des lois bourgeoises qui sanctifient la toute-puissance des propriétaires. En effet, garantis par l'ordre juridique en place, les propriétaires peuvent exiger le versement de rentes, d'intérêts (loyer du capital financier), de loyers, de fermages, de métayages. Mme Malabou montre tout cela très bien.

C'est pourquoi Proudhon avait prévu que tout loyer était « en même temps » un versement pour l'acquisition du bien loué, par exemple au bout de 20 ans (invention du « leasing »). Le bien changeait ainsi de mains sans que le propriétaire soit spolié. Cela n'est pas à confondre avec l'actuelle théorie de l'accès au bien à la place de l'acquisition. En effet, dans ce cas moderne, le loueur demeure le propriétaire du bien dont il ne vend que la mise à disposition momentanée. Dans la solution proudhonienne, le bien est transféré et, au passage, l'aubaine du loyer ad vitam aeternam est supprimée. La location à la Rifkin ne supprime pas la rente capitaliste, elle n'en change que la forme.

La propriété, débarrassée de l'aubaine, devient alors possession. Celle-ci est aux yeux de Proudhon un bon moyen d'équilibrer le pouvoir politique ou économique en leur opposant un contre-pouvoir totalement indépendant. Le « droit économique » réduit à la possession, la propriété demeurant « en mains communes », un commun inaliénable, est le « contrefort du droit politique » et vice versa afin de préserver les libertés des acteurs sociaux.

Qu'est-ce qui est volé, transformé en droit d'aubaine par suite des institutions de domination et d'exploitation capitalistes en place, celles qui légitiment le droit des puissants à exploiter les faibles en les transformant le plus souvent en serfs soumis au nom de « la servitude volontaire » justifiée par la religion, la culture ou l'idéologie ? C'est « la force collective ». L'aubaine, permise par la force des droits de propriété accordés par les lois en vigueur au capitaliste-propriétaire (ce serait aussi un État collectiviste), est que tout ce qui est collectif ou social n'est pas payé.

Proudhon va donc lutter toute sa vie pour supprimer la domination, limiter l'individualisme tout en refusant le communisme collectiviste, doper la liberté des acteurs sociaux, supprimer les rentes et les aubaines économiques. Comment va-t-il le faire ?

D'abord, il va proposer plusieurs formes de propriété de façon à se rapprocher le plus possible de la simple possession. Mais cela va dépendre du degré d'utilisation des « forces collectives ». Il commence par se résoudre à défendre la petite propriété familiale, domestique, artisanale, exploitée par ladite famille ou réservée à son seul usage. En effet, Proudhon a compris que cette propriété était une source de liberté assise sur la possibilité de travailler, un moyen de sécurité contre l'adversité et les empiétements du pouvoir ou des puissants. Mais son ampleur est limitée à ce que la famille peut exploiter elle-même avec ses propres forces productives. Dès qu'elle serait incitée à faire payer des loyers, des fermages, des métayages, ceux-ci vaudraient acquisition du bien loué au bout de 20 ans. Ce qui, naturellement, permettrait d'étendre la propriété à tous en la généralisant (Proudhon en use de même pour le pouvoir). Ainsi la propriété pourrait-elle fournir une base de résistance au pouvoir politique. Rappelons, cependant, que Proudhon refuse toute propriété privée (des individus et des acteurs sociaux comme les entreprises) des œuvres de l'esprit (écrits littéraires, livres mais aussi maintenant il faut ajouter les brevets et la fameuse « propriété intellectuelle »).

Ensuite Proudhon préconise la possession collective, celle actuellement qualifiée de propriété sociale, des mutuelles et des coopératives de production ou de consommation. Les « modernes », sans doute européistes, ne voient pas qu'une mutuelle n'est pas une propriété pour la bonne raison qu'elle n'appartient à personne, mais à elle-même comme réseau de mutuellistes. Il s'agit d'une possession en mains communes par ses utilisateurs en actualité de service, car la possession est transmise aux générations futures. La vraie mutuelle, celle qui ne plaît pas à Bruxelles, associe un intérêt commun (la couverture réciproque des risques) et des valeurs l'égalité de traitement, quelle que soit la situation, ce qu'interdit Bruxelles, l'égale participation aux décisions. C'est ce que veut notre auteur pour accepter l'association utile et morale. Il en est de même pour les coopératives (un intérêt commun comme pour les caves, les laiteries, les silos, les machines agricoles) qui unissent un intérêt (avoir des ressources qu'une petite exploitation ne peut avoir toute seule) et des valeurs (solidarité, égalité de participation et de traitement). C'est le moyen que propose Proudhon pour accroître la productivité de petites exploitations restant indépendantes, car « la petite culture est aussi idiote que la petite industrie » ; qui a dit que Proudhon était resté sur la propriété patriarcale et isolée du Moyen Âge en tant que conservateur récupéré par Vichy ? Naturellement, la coopérative n'appartient à personne ; elle est une possession en mains communes de la collectivité qui l'autogère comme un « commun ». On voit que les néolibéraux, plus ou moins ordo-libéraux, qui gouvernent en France, fussent-ils socialistes, ou en Europe, voient dans la bonne vieille propriété « la loi et les prophètes » ; ils ne connaissent rien d'autre, car pour eux elle est naturelle (ce qui a permis de zigouiller ces couillons d'Indiens qui ne le savaient pas !) et car ils ont été formatés et codés par des écoles (souvent payantes) néolibérales réservées aux élites. Ils appellent propriété sociale ce qui n'est qu'un mode de possession. Ils ne savent même pas faire la différence entre propriété et possession. Sans doute que si, mais, stipendiés par le capital et formatés par l'ENA, ils se battent pour la liberté du renard capitaliste libre de tout faire (la fameuse autorégulation que leur accorde le pouvoir politique néolibéral depuis 30 ans) dans le poulailler salarial.

Enfin Proudhon invente la possession sociale : ce sont ce qu'il a appelé les « compagnies ouvrières ». Proudhon demande que les grandes entreprises qui utilisent beaucoup de forces collectives (division du travail, machines, connaissances, organisation et coordination…) soient socialisées. Elles sont possédées en mains communes (ce qui rend leur capital inaliénable) par les acteurs concernés ou impliqués (comme dit la blague : dans les œufs au bacon, la poule est concernée et le cochon impliqué) : les collectivités locales (si l'entreprise intervient sur tout le territoire et est implantée un peu partout, elle est fédérée par étages territoriaux, chaque étage faisant partie des possesseurs de ce qui est chez lui), les salariés qui en sont les autogestionnaires, les associations de consommateurs (domestiques ou patronaux, le syndicat général de la production et de la consommation). J'ajouterai les syndicats de salariés que Proudhon n'aime pas et rejette, car pour lui, ils ont tendance à être corporatifs et à faire monter les prix. Il pense aussi sans doute que son système fédératif et d'équilibration des rapports de force devrait suffire pour les représenter et défendre leurs intérêts. Sur ce point, il s'est grandement trompé, car il aurait davantage dû tenir compte de l'état effroyable desdits rapports de force à l'époque où les patrons étaient « en matière de gages » et d'accidents du travail étaient crus sur parole et avaient le droit de se coaliser (car jamais poursuivis par une justice aux ordres du pouvoir capté par les puissants et légitimés par l'Église) alors que les ouvriers ne l'avaient pas (droit de coalition en 1869, de s'associer en syndicat en 1884). Dans le code Napoléon, le contrat de travail n'existait pas (il n'y avait que du « louage de services ») et les gens devaient tenir leur livret ouvrier rendu obligatoire pour que le pouvoir puisse les contrôler, notamment dans leurs déplacements !

La compagnie ouvrière peut aussi être pensée comme disposant d'un « monopole naturel ». Par exemple, dans les entreprises de réseau (rail, routes, voies navigables, information-communication, télécoms, internet…), il serait idiot d'avoir plusieurs réseaux en concurrence. C'est pourtant ce qu'autorise l'UE (pour les télécoms, mais pas pour le rail qui doit cependant être utilisé par tous les opérateurs ; le rail ? Why ? C'est parce que les investissements ont été faits avant et payés par les usagers et l'État ; il s'agit de les spolier au profit de la concurrence privée). En 1938 ou après la 2e Guerre mondiale, en France, on a « nationalisé » (beau mensonge, car on a en fait étatisé) ce qui aurait pu être des compagnies ouvrières, socialisées et fédérées : SNCF, Gaz, Électricité, charbonnages. Mais on a aussi laissé prospérer l'abominable régime de la concession de service public, notamment pour les eaux abandonnées à un oligopole spécialisé dans la corruption des édiles locaux, en tant qu'autorités concédantes potentielles à circonvenir pour obtenir une concession, sorte de monopole local privé.

Aujourd'hui, n'en déplaise au pouvoir français et à l'UE, il faudrait, dans l'esprit proudhonien des compagnies ouvrières, socialiser et fédérer tous les secteurs qui font partie des « biens communs » à soustraire aux griffes de l'État et du capital. Sans être exhaustif et par exemple : le logement, la finance et la banque de dépôt, l'eau, l'information, les télécoms et internet, les forêts, les mers… Il faudrait reprendre les ex-EPIC (entreprises publiques à caractère économique et commercial) : EDF, GDF, SNCF ;

il faudrait resocialiser et mutualiser en fédération autogérée la Sécurité sociale, France Travail. En ce monde où le climat est presque à l'agonie après 200 ans de capitalisme vorace, les domaines où recréer des espaces de « biens communs » sont très nombreux.

Mais l'autogestion est exigeante ; elle réclame que ses opérateurs soient compétents, créatifs, ouverts à la critique, capables d'être réflexifs et de reconnaître leurs erreurs, aptes à discuter et négocier avec les autres acteurs dont ils doivent connaître les fonctions. C'est pourquoi le mode de formation de tout le monde doit être pragmatique, foncé sur l'expérience et le travail. C'est pourquoi Proudhon favorise l'apprentissage, qui permet au se formant de payer ses études tout en produisant à condition qu'il ne puisse pas être transformé en esclave comme dans l'apprentissage à la sauce Macron. C'est du reste pourquoi feu les écoles de métiers d'EDF (ou de GDF) relevaient d'une double tutelle : celle de l'entreprise et celle de l'Éducation nationale ; c'est pourquoi l'enseignement y était à la fois général (par des professeurs issus de l'EN) et professionnel (par des enseignants venus des métiers exercés à EDF).

Cet apprentissage doit être polyvalent et la formation doit durer toute la vie professionnelle. Pour ce faire, Proudhon marie la possibilité de parfaire sa formation (ce que reprendront les « Bourses du travail » de Fernand Pelloutier ou les « Universités populaires » de Buisson et Bouglé et même, aujourd'hui, celle de Caen créée par Onfray) et l'exigence d'une évolution « polytechnique » du salarié qui doit pouvoir grimper, mais en parcourant le plus possible de métiers, par exemple dans sa compagnie ouvrière. La formation proposée par Proudhon comme moyen de fournir aux fonctions économiques les compétences dont elles ont besoin est générale, polytechnique, polyvalente et permanente. La généralité et l'ouverture d'esprit sont nécessaires pour faciliter l'adaptation permanente et l'esprit d'innovation pour prendre en compte les évolutions à venir et faire face aux incertitudes.

Cette 2e partie nous a montré la grande cohérence de Proudhon dans sa prise en charge des dimensions économiques de la société en partant de finalités (la Justice, l'équilibration des forces) et en s'appuyant sur une autre façon de penser, ce qui explique largement ses positions. Ceux qui pensent que Proudhon n'a rien apporté en économie font tout simplement l'impasse sur le cadre général (institutionnel, régulateur) dans lequel il la situe. Dans la conclusion qui suit, nous allons tenter de suivre son enseignement et de le confronter aux problèmes actuels de l'UE, qui vient, benoîtement, de se relancer dans son tropisme ordo-libéral et technocratique.

# Conclusion
# Que faire pour la France et l'Europe ?

On vient de voir le substrat de la pensée économique de Proudhon, ce qui contient déjà les linéaments d'un socialisme libertaire, d'un anarchisme organisé et structurant. Las, les mouvements anarchistes apparus au cours de l'histoire récente (commune de Paris, anarcho-syndicalisme, bourses du travail, syndicalisme révolutionnaire, CNT catalane en 1936, etc.) ont été vaincus. On a le regret de dire que c'est souvent par les collectivistes communistes et la social-démocratie qui a viré du marxisme (courant autoritaire) au néolibéralisme et à la collaboration de classes comme avec le chancelier Schröder et son pâle et retardataire imitateur Macron, lequel se présente à contretemps et à contrecourant. Il n'empêche, si les humains ont été vaincus, comme le décrit si bien Michel Ragon dans *La mémoire des vaincus*, leurs idées demeurent et seront un jour lointain réalisées. La domination, sous toutes ses formes, qui continue de régir le monde, finira, on ne sait quand, mais en s'inspirant du socialisme libertaire. En attendant, ici, nous proposons une analyse et des lignes d'action proudhonienne pour l'UE et la France. Cette ligne doit éviter l'universalisme commercial, si cher à l'UE et à son protecteur US, et les régimes de dictature, de démocrature, de théocratie, de kleptocratie, de fausse démocratie libérale qui règnent sur la terre et se développent en faisant monter les menaces de guerre partout.

Si Proudhon a relativement peu écrit sur l'économie (nonobstant ses immenses apports : la possession, le droit socio-économique, les forces collectives, la valeur constituée, la monnaie de crédit, l'équilibre des forces dans la concurrence), c'est parce que ce n'était pas sa préoccupation principale. Ses obsessions, ce sont la justice, la démocratie, l'équilibre et la répartition des pouvoirs, le combat contre toute domination, le droit instituant contre les ordres institués. Aujourd'hui on constate que la domination règne sur le monde et qu'elle progresse avec les démocratures, les populismes, les nationalismes. Et on voit que dans la domination, il nous faut mettre les prétendues démocraties ou les soi-disant États de droit qui s'entendent, non seulement pour faire régner le désordre capitaliste chez elles, mais encore pour attraper ceux qu'elles désignent elles-mêmes comme ennemis partout dans le monde. Ainsi, Paul Watson, 73 ans, qui lutte depuis des années contre la chasse aux baleines a été mis sur liste rouge d'Interpol par le Japon, pays pourtant condamné par la Cour de Justice internationale de l'ONU pour avoir violé le droit international en la matière sous prétexte de chasse pour des raisons scientifiques. Cet ordre d'arrêt vient d'être exécuté par le Groenland, colonie du Danemark ! On se souvient de ce qui est arrivé à Snowden et à Assange, lanceurs d'alerte contre les vindicatifs, impérialistes et dominateurs USA. Toutes ces fausses démocraties se tiennent la main pour assurer leur domination et maintenir le capital pro-SLC (Système libéralo-capitaliste) aux manettes dans le monde. Il nous faut donc, en tant que socialiste et libertaire, continuer la lutte proudhonienne contre la domination et pour la justice. C'est tout à fait vrai en France et en Europe.

Nous repartons de Proudhon pour critiquer une France et une Europe ordo-libérales qui font le contraire des préconisations proudhoniennes. Elles oublient que notre auteur part de la justice et de l'absence de domination comme finalités fondatrices. Ensuite, il mobilise deux variables politiques, fondamentales, et premières d'action :

le politique égalitaire et le droit justicialiste de régulation. Enfin, les autres variables (dont l'économique et le culturel) sont à utiliser stratégiquement pour assurer finalités et buts politiques. C'est à cette aune qu'il faut apprécier la situation française et européenne.

Le Système libéralo-capitaliste, implanté en Europe et totalement opposé aux principes proudhoniens, est condamné pour cause de crises économique et sociale. La crise écologique renforce la course monopolisatrice aux ressources rares (eau, minerais, terres cultivables, ressources des océans, énergies fossiles, métaux et minerais, gaz et pétrole) ; la concurrence se durcit et la guerre pour se les approprier pointe de plus en plus ; cela commence par la guerre économique protectionniste. La crise sociale provient de ce que la concurrence illimitée créée par le SLC mondialisé a ruiné les classes moyennes occidentales et creusé d'insondables inégalités dans le Tiers-Monde. Le modèle social véhiculé par le néolibéralisme (et son compère, l'ordo-libéralisme) et l'exploitation sans limites de la nature sont devenus impossibles à plus long terme.

De toute façon, la prise en charge de l'urgence écologique impose à la France une baisse d'au moins 30 % de son PIB. Ce n'est pas grave à condition de changer de référentiel. Le PIB est un truc quantitatif qui n'est que monétisé ; or la richesse réelle n'a rien à voir avec la valeur financière. Le PIB ne dit rien de sa répartition entre classes sociales ; or celle-ci peut être modifiée en faveur des classes populaires. C'est une bonne occasion de faire enfin reculer les abyssales inégalités produites par le Système libéralo-capitaliste (SLC) et fustigées par Proudhon. Or, précisément, les dominants du SLC européen veulent s'opposer à la justice sociale, valeur princeps de notre auteur. Rester dans le monde SLC, c'est s'enlever le pouvoir de faire disparaître une domination hiérarchique qui tue la planète et qui crée des inégalités, car ne pas faire comme tout le monde (la course au moins-disant en tous domaines), c'est perdre en compétitivité et donc finir par être éliminé comme non concurrentiel.

La France, qui a perdu, comme tous les autres pays, l'essentiel de sa souveraineté au profit de l'UE (souveraineté monétaire et du taux de change, droit de passer des traités internationaux, droit de subventionner sa production stratégique ou politique industrielle, liberté de son budget, indépendance financière perdue au profit des marchés internationaux, etc.), ne peut plus lever le petit doigt sans la permission de Bruxelles. Par exemple, on ne peut pas afficher la provenance des produits, on ne peut pas interdire (normes substantielles du droit proudhonien) un pesticide ou un produit chimique, on ne peut disposer librement de normes sanitaires, etc. La concurrence est dérégulée par Bruxelles, ce qui permet une baisse des prix contraire à la valeur constituée afin de diviser pour régner ; or, cette concurrence est précisément le moteur du SLC qui exploite les différences de législation pour faire du moins-disant et surtout y pousser par mise en concurrence des systèmes juridiques, fiscaux, sociaux, environnementaux. Bruxelles proscrit les subventions étatiques, mais laisse de côté celles qui viennent des provinces et des banques locales.

Dans ces conditions de rareté écologique grandissante et de compétition nationaliste pour l'accès aux ressources et aux marchés, demeurer dans le système européen (et mondial) hyperconcurrentiel et dérégulé, c'est s'interdire d'avoir une politique écologique et sociale autonome. Certes, il vaudrait mieux avoir une coordination fédérale européenne, mais c'est impossible, car alors les différences dont se repaît le SLC disparaîtraient et car les positions des différents pays sur le sujet sont parfaitement contradictoires et même opposées. Chaque pays y est incité à sauver sa seule peau, ce qui empêche toute harmonisation ou régulation pour négocier de « justes prix ». Dans les circonstances actuelles, l'Europe, c'est le nationalisme antagoniste confédéré sur un but commun (le libre-échange dérégulé) qui divise.

L'Europe est très divisée et cela ne peut qu'augmenter ; la France doit en prendre acte et se débrouiller pour conserver son indépendance, ce qui ne veut pas dire être nationaliste, mais signifie qu'il ne faut plus jouer au droit purement commercial, non général, comme dans le fédéralisme intégral, ce qui implique soit de sortir des instances européennes pro-SLC, soit y obtenir un changement des règles du jeu. Or, cette option est sans doute impossible dans les circonstances actuelles. Il appartient à la France de montrer alors qu'un autre modèle est possible et viable, celui d'un socialisme libertaire inspiré par le proudhonisme.

Si on raisonne en termes de besoins de la population et non de valeur monétaire accumulée par le pays, qui plus est fort mal répartie, la France demeure pleine de richesses que les marchés ne valorisent pas, bien au contraire. Afin de pouvoir y recourir, la France doit adopter une autre politique ; par exemple :

- Il faut sortir de la dépendance vis-à-vis des marchés financiers et des notations de notre dette par des agences US (sauf une sur 3). C'est facile. On peut consacrer la moitié des près de 6 000 milliards épargnés en France pour racheter de la dette publique (environ la moitié des 3 200 milliards actuels est détenue par l'étranger). À quoi on peut ajouter un emprunt forcé, transformé en rente perpétuelle, sur les fortunes de plus de 150 000 euros. Les analystes, du reste, ne distinguent pas la dette-investissement de la dette-budget de fonctionnement, la dette-recherche de la dette-pub ! Il faudra limiter la libre circulation des capitaux, notamment en interdisant les transferts à faible prix entre filiales d'une même firme multinationale.

- Il faut sortir de la zone euro où la monnaie est surévaluée pour la France et sous-évaluée pour les pays mercantilistes d'Europe du Nord. Recréons une monnaie interne, le Proudhon, gérée par une Banque Nationale et mutualiste du peuple.

- Définissons nos propres normes substantielles : environnementales, sanitaires, sociales, de dangerosité chimique, alimentaire, etc., et faisons-les contrôler pour les importations comme pour notre propre production. Affichage obligatoire de Nutri-Score pour tous les produits alimentaires, mention d'origine pour tous les produits (y compris leurs ingrédients). Pour ce faire, il nous faut enfin répudier le productivisme, la course au moins-disant, la spéculation, la disparition de la protection sociale. Le productivisme a consisté à « produire plus pour gagner plus ». Mais produire ou importer à bas prix fait baisser les prix, incite à consommer davantage, bien au-delà des valeurs d'usage et des besoins, comme le demandait Proudhon. En outre, c'est jouer perdant, car on trouvera toujours un pays capable de produire plus et moins cher même en nuisant à sa capacité de production, notamment à sa paysannerie. Au contraire, il faut produire en fonction des besoins et non pour les marchés et faire de la qualité.

- Interdisons tous les produits spéculatifs financiers (titrisation, CDS, CDO, ABS, MBS, etc.) et les LBO. 15 % de fonds propres sont exigés pour les banques privées de dépôt, les banques universelles sont supprimées. Interdisons les bourses de commerce pour les produits agricoles, les agences bancaires dans un paradis fiscal. Interdisons aux banques privées de pratiquer l'usure sur leurs prêts.

- Finançons sur nos propres fonds des filières économiques stratégiques liées à la souveraineté nationale :

nucléaire, réseaux d'eau, train, batteries, médicaments, télécoms, hydrogène, etc. Interdisons l'achat par l'étranger d'entreprises stratégiques ou de terres, d'investissement dans nos activités stratégiques.

- Privilégions les entreprises françaises dans les appels d'offres en leur ajoutant des critères sociaux ; refusons l'arrivée de « travailleurs détachés ». Interdisons tous les traités internationaux de commerce dépourvus de clauses sociales et environnementales ; ne signons aucun traité qui installe un tribunal arbitral de droit privé à la place d'un tribunal de droit public.
- Ne baissons les charges sociales ou fiscales que pour les exportations et appliquons notre taux de charges sociales aux importations. Il faut en finir avec les 200 milliards annuels (subventions, détaxations) données à toutes les entreprises, même celles qui n'exportent rien. Et cela, ce n'est pas une exigence de Bruxelles ! Cela supprimera notre déficit dû à la baisse des recettes fiscales et de cotisations sociales.
- Interdisons toutes les productions animales productivistes (fermes industrielles). À bas la saucisse tudesque, le lait batave, les poulets à la dioxine, le cheval de réforme de Roumanie, les œufs au Fipronil, les fermes de 10 000 vaches ou cochons, la pêche avec filets de 5 km, les poissons d'élevage par millions. Itou pour l'agriculture (soja brésilien, en outre produit en brûlant la forêt amazonienne).
- Instaurons une taxe kilométrique-carbone progressive sur les productions circulant : moins de 50 km, zéro, 51 à 100, 10 %, plus de 1 000, 50 %, plus de 5 000, 100 %, etc. Le but est aussi de limiter au maximum les transports à longue distance et les importations de produits hors saison ou à bas prix.
- Organisons coopératives et circuits courts et directs de consommation et de production contre la grande

distribution ; facilitons recyclage, réparation, échanges d'occasion contre le neuf et la mode.

- Socialisons totalement le problème des logements (crédit, construction, écologie, agences municipales d'achat-vente-location). C'est un besoin primaire qui doit avoir une réponse garantie pour tous.
- Commençons aussi par partir d'une analyse fine des coûts de revient (ce qui est à la base de la valeur constituée). Il appert que pour énormément de productions le coût direct est de l'ordre de 10 à 20 % du prix final. Car ce qui grève les coûts, ce sont les frais de pub, de com, de force de vente, de financement, de transport, de gestion et administration, de brevets indus, de taxes et impôts spoliateurs, etc. Il faut donc faciliter les circuits courts de mise en circulation et éliminer les frais inutiles. Ce qui passe par la forte diminution des *« bull shit jobs »* (les boulots inutiles et même nuisibles, les jobs de prédation décrits par Graeber). Saint-Simon nous avait donné sa magnifique parabole des abeilles (les producteurs seuls utiles au pays) et des frelons (les notables, les dignitaires). Sous Macron, cela a été actualisé en 2020, car « aux premiers de cordée », chers au président, se sont ajoutés « les premiers de corvée » rendus indispensables par la COVID-19. La suppression de toutes ces professions exploiteuses, rentières et budgétivores fera largement regagner les 30 % de PIB monétaire perdu en éliminant tout ce qui ne crée pas de richesse alors qu'ils constituent « une non-valeur » aux yeux proudhoniens. Par exemple, on interdira, afin de la limiter au maximum, de payer la publicité et la communication sur les dépenses d'exploitation, ce qui à la fois diminue le bénéfice et augmente le prix payé par le consommateur ; la pub (et la communication, les relations publiques) devra être financée sur les bénéfices après impôt sur les sociétés. La TVA devra être réduite à zéro pour la nourriture de base et les produits nécessaires à une vie décente (dont ceux d'hygiène). On

réorganisera les transports de marchandises autour du rail et des canaux : fret par trains grandes lignes et en containeurs transférables sur des petits camions (à hydrogène) de cabotage local et de desserte secondaire. Il faudra « en même temps » diminuer les prédations étatiques : reconvertir l'armée en force de coopération internationale, organiser des milices à la place des flics d'État ou locaux, réinstaller des inspecteurs de normes et des douaniers et supprimer la moitié des hauts fonctionnaires qui normalisent sans connaître les producteurs ou les consommateurs, qui ont toujours besoin de faire grossir leur service pour sembler importants et qui obéissent servilement au pouvoir (voir Vichy).

Cela est contre les normes néo et ordo-libérales de Bruxelles. Si cet « organe » nous punit, on ne paye pas, s'il nous exclut tant pis. Au plan mondial, la France se montre exemplaire en passant des accords multilatéraux de coopération égalitaire. Ce qui vient d'être dit n'est qu'une première liste non limitative de ce qui peut être entrepris pour éradiquer le SLC et son productivisme. Cela n'a pu marcher que parce que la nature était considérée comme infinie et gratuite et parce que les coûts induits (sur la nature, sur le social) n'ont pas été pris en compte. On s'est contenté de gonfler les frais, souvent purement nominaux et inutiles de la création de la production et de la mise en circulation d'icelle. Cela n'est plus possible, d'autant plus que c'est accompagné par l'injustice et la domination.

Pour l'Europe, nous avons le choix entre deux modèles socio-économico-politiques, celui du libéralisme SLC, avec une UE technocratique, mercantile, confédérale contre un modèle social, écologique avec une Europe fédérative et démocratique. Ce choix est latent en France depuis très longtemps, depuis que le pays s'est lancé dans le néolibéralisme ordo-libéral implanté dans l'UE, a abandonné l'indépendance gaullienne et est impliqué dans une Europe confédérale des nations, parfois populistes et autoritaires, presque toujours des fausses démocraties.

L'Europe de nations confédérées par un objectif commun, le libre-échange concurrentiel, qui, en outre, est un objectif qui oppose au lieu d'unir, c'est tout le contraire d'une Europe de fédéralisme intégral sous la houlette de la justice et de l'équilibration des forces.

L'alternative est donc simple : soit la perpétuation de cette Europe-là, soit enfin une Europe fédérale, sociale et écologique. La perpétuation est déjà en cours, car tant l'UE que la France ont piétiné leurs engagements écologiques et persistent dans leur injustice sociale en favorisant toujours le capital et la concurrence. Voyons un peu les grandes lignes d'une Europe enfin anti-SLC, hors domination US, hors emprise teutonne. Voilà quelques idées de réformes pour une Europe fédérale au lieu d'une confédération de nations en opposition économique :

- L'UE dispose d'une monnaie commune (au lieu d'unique). Cette monnaie serait (comme le préconisait Keynes avec le Bancor) adaptée aux différences de performance commerciale, mais les Américains, vainqueurs en 1945, imposèrent le primat du dollar. Ce dernier a une valeur standard, non différentielle, selon les résultats des balances des paiements, ce qui avantage les pays les plus productifs ou de qualité de production comme l'Allemagne. La domination allemande se voit notamment au fait que Bruxelles n'a jamais sanctionné ses excédents commerciaux, alors que les traités UE disent pourtant que l'excédent commercial ne peut pas excéder 6 % du PIB ! C'est une banque centrale européenne, sous contrôle du parlement européen, qui gérera cette monnaie commune et, ainsi, les pays garderont un peu de souplesse sur leur taux de change pour compenser leurs différences de compétitivité. Cette banque doit assurer la stabilité de la monnaie commune et les écarts de taux de change. La BCE doit cesser d'être indépendante afin que l'UE s'occupe aussi de l'emploi comme la FED des USA. Pour l'inflation, elle doit inclure celle de l'immobilier et des actions ou titres de bourse (ce qui n'est pas fait, et ce n'est pas par hasard, car la seule inflation que la BCE actuelle combat, c'est celle des salaires et des prix courants).

- On supprime le Conseil européen, car c'est le parlement élu qui doit déterminer son gouvernement. Les règles de prise de décision doivent être revues de façon qu'un petit pays n'ait pas autant de poids qu'un grand ; le retour au pouvoir du parlement fera que ce sera facile à mettre en place.
- La justice sociale est mise comme critère princeps des prises de décision avec l'écologie. La justice sociale exige une harmonisation européenne dans tous les domaines, à commencer par le fiscal et celui de la protection sociale ; elle demande qu'il y ait des transferts entre pays riches et pauvres, ce qui fait porter le budget de l'UE, comme aux USA, à 20 % de la somme des PIB des pays de l'UE (un ridicule 1 % actuellement). Pour ce faire, l'UE devient une fédération intégrale au lieu d'une confédération commerciale.
- Tous les traités de commerce sont soumis au respect de normes européennes : sanitaires, de qualité, de respect d'un droit social et syndical, de règles écologiques. C'est le parlement qui vote sur les traités et supervise leur préparation. La préférence européenne est rétablie.
- L'UE doit assurer la souveraineté de l'Europe dans tous les domaines stratégiques et de bonne vie en commun vers l'intérêt général des populations : indépendance et sécurité agricole, industrielle, médicamenteuse, de défense commune. Elle restaure le protectionnisme quand c'est nécessaire contre des pays qui violent les règles de la concurrence (du genre du dumping ou de la contrefaçon ou

du vol des brevets avec espionnage, ou non, économique ou industriel).

• L'UE facilite les fusions et les coopérations nécessaires à l'établissement de grands champions industriels dans les domaines stratégiques et d'avenir : filière hydrogène (et non la désastreuse voiture électrique), informatique et réseaux, petites usines nucléaires de fusion (pas de fission ; favoriser le type Astrid que Macron a supprimé en France !), économies d'énergie et ressources renouvelables, etc.

Naturellement, les forces ordo-libérales vont se rebiffer et refuser ces réformes. Mais la France peut contrer cette réaction fort prévisible des pays avantagés, comme l'Allemagne, par le mercantilisme libre-échangiste régnant actuellement. Il lui faudra se battre pour organiser, au sein de l'UE, une fédération intégrale des pays de l'Europe du Sud. Ce devrait être possible, car, contrairement à la doxa en cours à Bruxelles, Nord et Sud n'ont en commun que la chrétienté. Or, le Sud est catholique, munificent, exubérant, apte à dépenser la « part maudite » (Bataille), mère de la subsidiarité (Jésuites de Salamanque). Il suffit de voir que depuis l'installation du puritanisme protestant en Europe, les magnifiques bâtiments religieux ont été remplacés par des temples riquiqui. Le Nord luthérien est austéritaire, pingre, Schuld y signifie « en même temps » dette et culpabilité. La France ne devrait pas avoir de peine à montrer que la monnaie peut être créée autant qu'il est nécessaire, car ce n'est plus qu'un signe sans garantie réelle ; la France peut insister sur le fait que l'Europe du Sud dispose de tout ce qu'il faut pour vivre bien, notamment avec sa cuisine, ses vins, ses spiritueux si supérieurs aux kartoffeln Wiener Schnitzel, à la bière, au schnaps. Elle peut faire face au changement climatique grâce au soleil dont elle dispose. L'Europe du Sud, c'est l'anarchie, celle du Nord, c'est la social-démocratie, exmarxiste devenue pro-SLC. L'Europe, de l'Est, c'est la clientèle de l'Europe du Nord et la fuite dans les jupes des USA de peur de la Russie. Vive la fédération des pays d'Europe du Sud au sein d'une UE rénovée.

Quoi qu'il en soit, Europe fédérale ou non, ce qui est particulièrement urgent, c'est qu'elle prenne une tout autre direction socio-économique que celle du SLC qu'elle suit depuis 1986 (date de l'acte unique et de son immersion profonde dans l'ordo-libéralisme teuton). S'il ne faut pas abandonner la construction de l'UE, c'est que celle-ci est indispensable pour défendre son mode de vie, sa tolérance, son pluralisme, sa démocratie, même médiocre, dans un monde qui se raidit, où des empires se dressent contre l'Occident, où les USA perdent leur rôle de gendarme et de leader unipolaire. L'Europe doit à la fois se défendre, ce qui passe par l'union de ses intérêts, et se situer comme puissance morale, sans préjugés, sans esprit de domination, en vue du co-développement, de la coopération et de la défense du climat et de la terre, notre bien commun universel. L'Europe doit se doter d'un projet alliant Justice et efficacité économique, démocratie et pluralisme, défense du développement et écologie, protection de son économie et de sa souveraineté avec la coopération à égalité avec les autres pays. Les idées de Proudhon, qui sont à l'opposé du néolibéralisme concurrentiel, libre-échangiste, inégalitaire, technocratique et antidémocratique, peuvent nous aider à ouvrir une bonne voie de conduite du nécessaire changement anti-SLC.

# Annexe
# Les œuvres essentielles de Proudhon

1840 : Les 3 mémoires sur la propriété
1843 : *De la création de l'ordre dans l'humanité*
1846 : *Système des contradictions économiques*, sous-titré *Philosophie de la misère*
1849 : *Confessions d'un révolutionnaire : pour servir à l'histoire de la Révolution*
1851 : *Idée générale de la Révolution au XIX^e^ siècle*
1858 : *De la justice dans la Révolution et dans l'Église*
1857 : *Manuel du spéculateur à la bourse* (3e édition, celle signée par Proudhon ; la 1re en 1854)
1861 : *La guerre et la paix*
1863 : *Du principe fédératif et de la nécessité de reconstituer le parti de la Révolution*
1865 : *De la capacité politique des classes ouvrières* (posthume)
1866 : *Théorie de la propriété* (posthume)

## Structures éditoriales du groupe L'Harmattan


**L'Harmattan Italie**
Via degli Artisti, 15
10124 Torino
harmattan.italia@gmail.com

**L'Harmattan Hongrie**
Kossuth l. u. 14-16.
1053 Budapest
harmattan@harmattan.hu

---

**L'Harmattan Sénégal**
10 VDN SICAP AMITIE 3
BP 45034 Dakar-Fann
direction@senharmattan.com

**L'Harmattan Cameroun**
Tsinga/Derrière polyclinique FECAFOOT
BP 11486 Yaoundé
Jacques.koukam@harmattan.fr

**L'Harmattan Burkina Faso**
Villa 281, secteur 23 623, rue 14.32
Ouagadougou
zagbie@outlook.fr

**L'Harmattan Guinée**
Almamya, rue KA 028 OKB Agency
BP 3470 Conakry
harmattanguinee@yahoo.fr

**L'Harmattan RDC**
185, avenue Nyangwe
Commune de Lingwala - Kinshasa
matangilamusadila@yahoo.fr

**L'Harmattan Congo**
219, avenue Nelson Mandela
BP 2874 Brazzaville
deunovmikhael@gmail.com

**L'Harmattan Mali**
Immeuble Mgr Jean Marie Cissé
Aci Hamadallaye
BP 145 Bamako
syllaka@yahoo.fr

**L'Harmattan Togo**
Djidjole - Maison Amela
face EPP BATOME
02 BP 20680 Lomé
didieramela11@gmail.com

**L'Harmattan Côte d'Ivoire**
Résidence Karl - Cité des Arts
Abidjan-Cocody
03 BP 1588 Abidjan
harmattan.ivoire@gmail.com

**L'Harmattan Bénin**
Rue 604, (Immeuble à l'entrée
de la rue UCAO- Cite de Saint-Jean)
Cotonou
stepcorpus@gmail.com


---

## Nos librairies en France


**Librairie internationale**
16, rue des Écoles
75005 Paris
librairie.internationale@harmattan.fr
01 40 46 79 11
www.librairieharmattan.com

**Librairie des savoirs**
21, rue des Écoles
75005 Paris
librairie.sh@harmattan.fr
01 46 34 13 71
www.librairieharmattansh.com

www.ingramcontent.com/pod-product-compliance
Lightning Source LLC
LaVergne TN
LVHW051409061026
849535LV00009B/3440

* 9 7 8 2 3 3 6 5 0 0 1 7 1 *